존 웨슬리

존 웨슬리

지은이 김학중
펴낸이 김명식
펴낸곳 (주)넥서스

초판 1쇄 인쇄 2013년 5월 10일
초판 1쇄 발행 2013년 5월 15일

출판신고 1992년 4월 3일 제311-2002-2호
121-840 서울시 마포구 서교동 394-2
Tel (02)330-5500 Fax (02)330-5555
ISBN 978-89-6790-303-9 03230
　　　978-89-6000-585-3 (세트)

www.nexusbook.com
넥서스CROSS는 (주)넥서스의 기독 브랜드입니다.

*본 책은 존 웨슬리의 인물을 재조명하는 과정에서 뒷편에 수록된
 참고문헌들을 활용했음을 밝힙니다.

John Wesley

감리교를 창시한 위대한 전도자

존 웨슬리

김학중 지음

넥서스CROSS

머리말

한 알의 밀알이 땅에 떨어져 죽으면 많은 열매를 맺는다는 것은 성경의 중요한 가르침이다. 눈물로 씨를 뿌린 사람들은 반드시 열매를 맺게 되는 것이 진리이고 법칙이다. 이 한 알의 밀알에 해당하는 믿음의 거장들의 감동적인 이야기를 풀어놓고 싶다는 생각이 들었다.

사람들은 위인들의 업적만을 놓고 판단하기에 그 위인들이 그러한 열매를 맺기까지의 어려운 과정들은 간과하기 쉽다. 그래서 그 험난한 과정을 인간미 넘치는 필치로 담고 싶었다.

믿지 않는 사람들에게 복음을 전하면, 복음을 거부하면서 하는 여러 가지 말이 있다. 그 중 한 가지는 '복음이 까칠하다'는 것이다. 왜 그렇게 여길까? 복음을 단지 이론으로,

건조한 이야기로 생각하기 때문이다. 또는 결과만을 놓고 이야기해서 그 과정을 모르기 때문이다. 과정을 아는 것은 참으로 중요하다. 복음을 따라 살아온 믿음의 거장들의 이야기를 접한다면 이 땅의 많은 사람이 분명히 하나님께로 돌아오리라 생각한다.

일반적으로 위인전은 위인을 미화하는 경향이 있다. 태어날 때 특별한 태몽이 있든지, 성장기가 남달랐다든지 등 일반적인 것부터 지극히 세세한 것까지 미화한다.

그러나 믿음의 거장들의 이야기를 하면서 결코 특정한 인물을 미화하지는 않을 것이다. 사람 냄새 나는 그들의 삶을 이야기할 것이다. 복음이 그들의 삶에 어떤 영향을 끼쳤는지 깊게 살펴볼 것이다.

나아가 이 책이 독자로 하여금 공감대를 형성하고 인생의 지표를 확립하는 데 도움을 줄 것이라고 생각한다.

　믿음의 거장들에 대한 정직한 묘사를 통해 우리가 배워야 할 것을 독자 스스로 발견하기를 기대한다. 거장 한 사람의 위대함은 곧 전능하신 하나님의 위대함이라는 사실을 그들의 일대기를 통해 공유하고자 한다. 또한 하나님은 우리의 연약한 모습에도 불구하고 우리를 사용하신다는 사실을 알리고 싶다.

　믿음의 거장들의 이야기를 통해 감히 전능하신 하나님 앞에 설 수 있는 나 자신을 발견하기를 기대해본다. 인생에서 실패했다고 위축될 것 없고 승리했다고 자만할 것 없다. 실패했다고 해서 다시는 기회가 없는 것도 아니고 성공했다고 해서 그것이 내 힘으로만 된 것도 아니기 때문이다.

　이제 믿음의 거장들의 실패와 성공을 통해 평범한 사람들을 회복시키시는 하나님의 모습을 살펴보자.

김학중

차례

머리말 _04

생애 개관 _10

1장 가난하지만 따뜻했던 어린 시절

'화마'도 덤빌 수 없던 아이 _17

화해의 결실, '존 벤자민 웨슬리' _25

어머니는 위대한 멘토 _32

'엡워스'를 떠나 '차터하우스'로 _38

2장 웨슬리에게 준비된 훈련들

더 넓은 훈련의 장, '옥스퍼드' _45

성자의 삶을 향하여 _50

루트에서의 첫 목회 그리고 성장 _55

한마음 한뜻으로 시작된 모임 _59

3장 새로운 시작, 새로운 경험

낯선 땅에 복음을 심으러 _65

폭풍 속의 평안 _70

웨슬리 형제에게 닥친 시련 _74

마음이 뜨거워지는 경험 _79

진짜 그리스도인 _87
몸소 체험한 모라비아 교회 _90

4장 감리교 부흥과 발전 이야기

'페터레인 신도회'에서 '감리교 신도회'로 _97

군중 앞에 선 웨슬리 _101

세계를 교구로 삼아 _105

감리교의 부흥을 위해서라면 _110

연합을 위한 연결고리 _117

5장 인간 웨슬리, 하나님의 품에 안기다

값없이 주시는 은혜 _125

어머니, 나의 어머니! _129

우리와 함께하시는 하나님 _139

생애 연보 _148

참고문헌 _149

생애 개관

존 웨슬리는 1703년 6월 17일 링컨셔 주 엡워스에서 성공회 목사인 사무엘 웨슬리와 엄격하면서도 슬기로운 신앙의 여인이었던 수산나 앤슬리 사이에서 태어났다. 사무엘 웨슬리는 자녀들의 교육 문제에도 관심이 많았다. 수산나는 헬라어, 라틴어, 프랑스어에 능통할 만큼 탁월한 학문 실력으로 19남매를 직접 가르쳤으며, 아이들이 규칙적인 생활과 기도를 하도록 하였다.

지성적이고 활동적인 신학자 존 웨슬리가 나온 것은 부모의 영향이라고 볼 수 있다. 웨슬리는 1714년 처음으로 집을 떠나 런던의 차터하우스에서 6년 동안 공부했다. 1720년 옥스퍼드 대학교 크라이스트처치에 입학한 웨슬리는 히브리어, 헬라어, 라틴어, 논리학, 윤리학, 철학, 물리학, 웅변, 시와 노래, 신학 등 다양한 학문을 익혔으며 성적도 뛰어났다. 웨슬리가 부흥 운동을 통해 영국 성공회와 사회를 변혁한 것은 바로 이런 탁월한 지성 때문에 가능한 것이었다.

웨슬리는 1725년 영국 성공회 집사로 임명되었다. 1726년에는 링컨 대학교에서 대학연구원으로 선발되었다. 진로 문제로 고민하던 웨슬리는 토머스 아 켐피스의 《그리스도를 본받아》, 제레미 테일러의 《거룩한 삶과 죽음》, 윌리엄 로우의 《그리스도인의 완전》,《경건하고 거룩한 생활에의 엄숙한 부름》을 읽고 크게 영향을 받아 성직자가 되기로 결심을 하였다. 웨슬리는 1728년 9월 영국 성공회 정회원 사제로 안수 받고, 1729년 옥스퍼드 대학교에 돌아와서 동생 찰스가 시작한 신성 클럽의 지도자가 되었다.

웨슬리는 15년 동안의 옥스퍼드 대학생활을 마치고, 1735년 주님을 위하여 좀 더 열성 있고 희생적인 활동을 위해 미국 조지아 주로 가서 미국 내 아메리카 원주민에게 선교를 하기 시작했다. 그러나 그의 북미 선교 활동은 실패했고, 2년 만에 다시 영국으로 돌아왔다.

그리고 1738년 5월 24일 런던 올더스게이트 집회에서 마르틴 루터의 〈로마서〉서문이 낭독되는 것을 듣고, 마음이 뜨거워지는 회심을 경험하였다. 그때 그는 예수 그리스도를 믿으므로만 구원을 얻을 수 있음을 깨달았다. 또한 자기의 죄가 속량되었고, 자신이 구원받을 것을 확신하게 되었다. 회심 후 그는 조지 휘트필드의 영향으로 잉글랜드, 스코틀랜드, 웨일스, 아일랜드를 돌아다니며 야외에서 설교하였다. 웨슬리는 생전에 선교를 하며 37만 400km를 여행했다.

웨슬리는 6천 편의 찬송을 지은 동생 찰스 웨슬리와 평생 동역하며 감리교 부흥 운동의 결정적인 역할을 했다. 1742년 웨슬리는 브리스틀에서 속회를 조직하고 첫 모임을 가졌다. 속회는 대략 12명이 한 팀으로 일주일에 한 번씩 간증과 성경 공부 모임을 가졌다. 이 모임은 오늘날까지 감리교의 중추 역할을 하고 있다.

존 웨슬리는 첫사랑의 상처 때문에 평생을 독신으로 살려고 했으나 48세 때인 1751년, 미망인 바질 부인과 사랑에 빠져 결혼했다. 그러나 부인의 병적인 행각과 질투심으로 별거하게 됐으며, 얼마 후 바질 부인은 병으로 세상을 떠났다.

비록 결혼생활이 불행하게 끝났지만 웨슬리가 받은 복은 컸다. 1784년 미국 선교를 위해 자신이 스스로 감리사 안수를 줌으로써 사실상 성공회에서 감리교회가 분열되었다. 하지만 웨슬리 자신은 끝까지 자신을 성공회 목사로 인식하였다. 부흥 운동은 영국 성공회가 보기에 국가 교회와 질서를 혼란하게 하는 것으로 보였기 때문에 감리교 설교자들의 설교가 금지되었다. 웨슬리는 감리교회가 무기력하던 성공회 내부에서 복음주의적 변혁의 힘이 되길 바랐다. 그는 감리교회 대표이면서 동시에 성공회 목사였다. 웨슬리는 1791년 3월 2일 친지들에게 "안녕."이라는 유언을 남기고 88세를 일기로 별세했다.

존 웨슬리를 중심으로 한 부흥 운동은 개인적 복음과 사회적 복음의 입장을 지닌 감리교회로 발전하였다. 웨슬리는 개인적 회심, 철저한 신앙생활, 성례전적 신앙생활의 회복, 기독교인의 사회적 책임을 중요하게 생각했다.

또한 믿음으로 하나님에게 의롭다고 인정받는다는 칭의가 거룩한 사람으로 자라기 위한 전제임을 주장하였다. 존 웨슬리는 개인과 사회의 성결을 위해 실천하는 신학자였다.

1장

가난하지만 따뜻했던 어린 시절

~

'화마'도 덤빌 수 없던 아이

~

존 웨슬리는 마을 언덕에 있는 교회로 뛰어 올라갔다. 큰 종탑이 있는 아담한 교회는 존 웨슬리에게 안식처였다. 그곳에 올라가면 마을이 한눈에 내려다보였다. 사방이 온통 푸른 전원을 이루고 있고, 악솜Axholm 강이 마을을 에워싸고 땅을 적시며 흘렀다. 존 웨슬리의 고향인 엡워스Epworth는 영국 북부의 링컨셔Lincolnshire 주에 있었다. 그곳은 화려한 도시와는 전혀 거리가 먼 조용하고 소박한 농촌마을이었다. 그의 아버지 사무엘 웨슬리는 이곳에 터를 잡고, 마을을 위해 헌신적인 사역을 했다.

여느 농촌 마을이 그러하듯 주민들의 소득 수준은 높은 편이 아니었고, 어린이들을 교육할 만한 공립학교도 없었다. 그리고 제대로 신앙생활을 하는 사람들도 찾아보기 힘들었다. 이것은 당시 영국 사회와 종교계가 타락했음을 보

17

여 주는 증거였다. 성직자들은 겉으로 드러나는 의무만을 행하고, 그들의 인생을 즐기는 데 시간을 허비했다. 교회가 영적으로 무너지자 사람들은 주일성수마저 지키지 않았다. 그러니까 마을 사람 대부분이 무신론자라고 해도 과언이 아니었다.

사무엘 웨슬리는 무료로 학교를 열어 가르치는 일을 시작했다. 그리고 자비량으로 서적을 구입하여 필요한 사람들에게 나눠 주기도 했다. 이에 영적 생활을 회복하고 신앙이 성장하도록 도왔다. 하지만 그것을 못마땅하게 여기고 비난하는 사람이 많았다. 그것은 당연한 일이었다. 엡워스의 사람들은 열심히 농사를 지어도 가난에 허덕였다. 늘 손에 쥐는 것은 소득의 3분의 1밖에 되지 않았다. 나머지 3분의 2는 왕에게 바치거나 토지 개간 회사에 바쳐야 했기 때문이다. 그래서 영국 왕실에 대한 불만이 쌓일 대로 쌓인 사람들은 왕실의 배려를 받고 파견된 목사 사무엘 웨슬리를 반길 리가 없었다.

엡워스의 사람들은 차갑고 냉랭한 벽과 같았다. 한번은

교회에 떼로 몰려가 교회를 망가뜨리기도 했고, 교회에 걸린 십계명을 찢어 버리기도 했다. 심지어 웨슬리의 가족들이 정성 들여 키운 농작물에 불을 질렀고 가축을 불구로 만들거나, 가족들의 눈앞에서 그들이 기르던 젖소를 죽이기도 했다.

불을 지른 것은 농작물뿐만 아니었다. 웨슬리가 태어나기 1년 전에 사람들은 웨슬리 가족이 살고 있던 3층짜리 목조 건물의 목사관에 불을 질렀다. 그래도 다행인 것은 목사관의 절반 이상이 불에 타버렸지만, 심하게 다치거나 목숨이 위태로운 사람은 없었다. 사무엘 웨슬리의 목회 활동은 아내를 비롯해 아이들의 생사를 위협하는 문제와 평행선을 달리고 있었다. 그렇지만 불에 탄 목사관을 바라보며 사무엘 웨슬리는 담담했다. 그는 샤프 주교에게 우리 가정에 그나마 있던 소유도 불에 타버렸지만, 하나님이 도우셔서 아내와 아이들이 무사한 것이 은혜라며 편지를 띄우기도 했다.

목사관에 불을 지른 이후로 마을 사람들의 횡포는 잠잠

해졌다. 가끔 소소하게 한두 건의 사건이 일어난 것을 빼고는 말이다. 웨슬리 가족은 어려움 속에서도 하나님을 의지하며 삶을 이어나갔다. 넓게 펼쳐진 하늘에 구름이 흘러가듯이 그렇게 시간은 흘러갔다.

그러나 또 한번의 큰 시련이 그들을 기다리고 있었다. 그날도 웨슬리에게는 평상시와 다름없는 저녁이었다. 그의 어머니 수산나 앤슬리Susanna Annesley는 정해진 하루 일과를 마치면 집안의 모든 아이를 한자리에 불러 모아 앉혔다. 그러고는 재밌는 이야기를 들려주거나, 다 함께 노래 부르는 일을 즐겨했다. 웨슬리는 언제나 이 시간이 기다려졌다. 이때 보여 주신 어머니의 모습은 자애롭고 따뜻했다. 그렇게 하루 일과가 마무리 되자 다들 흩어져 잠자리에 들 준비를 했다. 웨슬리는 불이 꺼진 방에서 기도를 드리고 자리에 누워 하루의 일과를 되돌아봤다. 하루가 고단했는지 웨슬리는 이내 깊은 잠에 들었다.

꿈속에서 웨슬리는 불길 속을 헤맸다. 뜨거운 열기와 매캐한 연기가 목구멍을 조여 왔다. 웨슬리는 꿈과 현실의 경계를 구분하지 못했다. 지금 꾸는 꿈이 현실이라는 것을 알았을 때는 이미 밖으로 나갈 수 없는 상황이었다. 이번에 난 불은 지난번에 있었던 화재와는 차원이 달랐다. 어마어마한 화염은 3층짜리 목사관을 한번에 집어삼켜 버렸다. 감당하기 힘든 거대한 불길 속에 웨슬리는 혼자였다. 이제 여섯 살이 된 웨슬리는 지금 벌어진 일에 대처할 능력이 없었다. 웨슬리는 점점 다가오는 불길을 보며 두려움에 떨고 있었다. 너무 놀라 그대로 주저앉아서 살려 달라고 소리를 질렀다.

사무엘 웨슬리는 아이들 방에서 울부짖는 존의 목소리를 들었다. 다른 아이들은 무사히 정원 쪽으로 탈출시켰는데, 존이 보이질 않았다. 아들을 구하기 위해 그는 필사적으로 불길을 거슬러 올라가려고 시도했다. 하지만 계단이 거대한 불길에 휩싸여 접근할 방법이 없었다. 살려 달라고 울부짖는 아들의 소리를 듣고만 있는 아버지의 마음은 급박했다. 아들이 이대로 목숨을 잃을 수도 있다는 생각 때문에 괴로웠다. 아버지는 즉시 무릎을 꿇고 하나님에게 존의 영혼을 위탁했다. 존의 생과 사는 전적으로 하나님의 손에 달려 있었다.

침대에 옮겨 붙은 불을 보며 웨슬리는 정신을 차렸다. 무조건 여기를 빠져 나가야 한다는 생각이 번뜩 들었다. 불길을 피해 내려갈 계단을 찾았지만 길은 막혀 있었다. 그러고는 살기 위해 본능적으로 창문 쪽을 향해 달렸다. 또래에 비해 키가 작았던 웨슬리는 자신의 머리보다 한참 위에 있는 창문을 바라봤다. 불길이 솟구치기 전에 재빨리 옷장 위로 올라섰다. 그리고 할 수 있는 한 크게 팔을 휘저으며 자신이 아직 불길 속에 갇혀 있다는 것을 알렸다.

그때 마당에 있던 사람들이 존을 발견하고는 사다리를 가져오라고 지시했다. 하지만 그럴 시간이 없었다. 빠져나오지 못한 존을 발견하자 어머니 수산나는 간신히 붙잡고 있던 정신마저 흐려졌다. 자다가 뛰쳐나오는 바람에 옷도 제대로 걸치지 못한 다른 아이들은 맨발로 냉기를 견디며 울고 있었다. 순식간에 불에 타버린 집은 앙상한 뼈대를 보이며 겨우 버티고 있었다. 급한 대로 한 사람이 집 벽에 바싹 붙어 서고 다른 사람이 그의 어깨 위에 올라갔다. 지붕이 무너져 내리려 하던 순간에 존은 기적적으로 구조됐다.

가족들은 극적으로 구조된 존을 부둥켜안고 울었다. 특히 그의 부모인 사무엘 웨슬리와 수산나 앤슬리는 이루 말할 수 없는 감격에 북받쳤다. 잃을 뻔했던 아들이 살아 돌아와 그들의 품에 안겨 있다는 자체만으로 감사의 기도가 나왔다. 사무엘 웨슬리는 이웃들을 향해 8명의 아이가 목숨을 건지고 모두 무사한 것만으로 하나님의 은혜를 입었다고 외쳤다.

웨슬리에게 그날 밤의 기억은 살갗에 닿는 뜨거움과 등허리로 스치는 한기가 공존하는 것이었다. 가장 악몽 같은 순간을 보낸 웨슬리는 그날의 기억을 잊고 싶어도 잊을 수가 없었다. 그가 자라면서 불 속에서 기적적으로 구출된 이야기는 평생의 교훈이 되었다. 그 일을 통해 웨슬리는 사고의 충격만이 아니라, 여섯 살 아이가 깨닫지 못할 은혜를 몸소 체험했다. 훗날 웨슬리는 이 사건을 회상하면서 자신을 "불꽃 속에서 타다 남은 부지깽이"brand plucked from the burning라고 표현했다. 그리고 자신을 향한 하나님의 계시와 부르심이라고 믿었으며, 하나님의 소명과 뜻을 이루기 위해서 일평생 하나님에게 헌신하여 완전한 사랑으로 성화의 삶을 살았다.

화해의 결실, '존 벤자민 웨슬리'

수산나는 몇 시간째 진통을 겪고 있었다. 출산의 고통은 오늘 밤을 넘기진 않을 것 같았다. 수산나의 옆을 지키던 남편 사무엘은 함께 긴장하며 탄생의 순간을 기다렸다. 엄마가 진통을 겪으니 다른 아이들도 불안하긴 마찬가지였다. 아이들은 평소 때보다 더 의젓하게 각자의 할 일을 해야 부모님을 돕는 길이라 생각했다.

이들 부부에게는 자녀의 복이 끊어지지 않았다. 그것은 복이자 한편으로는 아픔이기도 했다. 시골 마을의 열악한 위생 환경 때문에, 갓 태어난 아기가 사망하거나 유아기에 세상을 떠나는 일이 잦았다. 그리고 자녀의 수가 늘어날수록, 이들 가족의 생계는 점점 더 빈곤해졌다.

사무엘과 수산나의 관계는 썩 좋은 편이 아니었다. 그것은 자녀들도 느낄 수 있을 만큼의 불화였다. 한번은 아침

기도 시간에 사무엘이 윌리엄 3세 국왕을 위해 기도하자, 수산나가 '아멘'을 하지 않았다는 이유로 시작된 말다툼 끝에 사무엘이 집을 나가 버린 사건이 있었다. 이것은 사무엘과 수산나 개인의 완고한 종교적 신념과 정치적 논쟁에 의해 일어난 일이었다. 사무엘은 끝까지 자신의 주장을 굽히지 않는 수산나에게 만일 그 입장을 계속 고집한다면 헤어질 수밖에 없다고 소리쳤다. 그러고는 서재에 들어가 짐을 챙겨 런던으로 떠나 버렸다. 그리고 대교구 회의를 명목 삼아 그해 말까지 런던에서 머물렀다. 사무엘과 수산나 둘 다 똑같이 고집스러운 성격을 가졌음이 틀림없었다.

그러나 이 부부의 갈등은 첫 번째 목사관 화재 사건으로 해소되었다. 사무엘은 화재가 일어났다는 소식을 듣자마자 아내와 아이들의 얼굴을 떠올렸다. 불에 타버린 집을 바라보며 곤경에 처했을 가족들을 위해 빨리 집으로 돌아가지 않으면 안 됐다. 그리고 부부의 화해 결실은 1703년 6월 17일 존 웨슬리의 탄생으로 맺어졌다. 존 웨슬리는 본래 '존 벤자민 웨슬리'였다. 존 웨슬리가 태어나기 전 앞서 세상을 떠난 열 번째 아이 '존'과 열한 번째 아이 '벤자민'의 이름이 합해져 붙여진 이름이었다.

어느 누구도 존 웨슬리가 역사에 길이 남을 빛나는 인물이 될 거라고 생각하지 않았다. 그렇지만 수산나에게 웨슬리는 특별한 아이였다. 그것은 다른 자녀들보다 웨슬리를 편애했다는 의미가 아니다. 두 번째로 목사관에 화재가 일어났을 때, 웨슬리는 하나님의 도우심으로 새로운 삶을 얻게 되었기 때문에 수산나는 웨슬리에게 하나님의 거룩한 뜻이 있다는 확신을 가졌던 것이다. 그녀는 웨슬리를 비롯한 다른 아이들도 사명감을 가지고 더욱 최선으로 양육하기로 하나님 앞에 다짐했다. 웨슬리가 목사관 화재 사건으로 인해 부르심과 소명을 얻은 것도 수산나의 양육 태도가 가져온 결과였다.

수산나는 어머니의 품성과 교육자로서의 능력이 겸비된 여성이었다. 그녀는 경제적인 어려움 없이 명문 귀족 가문에서 태어나고 자랐다. 따라서 당시 여성으로서는 최고 수준의 교육을 받았고, 청교도 경건과 신학에 정통했다. 여성이라는 한계를 벗고 학문에 매진했다면, 옥스퍼드 대학의 신학 교수로 임명이 되어도 손색이 없을 만한 실력이었다. 뿐만 아니라 그녀는 어학과 문학, 역사와 교육학 분야에서도 실력이 뛰어났다.

반면에 사무엘 웨슬리의 가문은 신분이 낮은 귀족이었고, 경제적인 형편도 넉넉하지 못했다. 원래 웨슬리의 가문은 영국 국교인 성공회를 반대하는 비국교도였다. 하지만 사무엘 웨슬리가 비국교도 학파에서 연구를 하던 도중 성공회의 이론이 옳다 여기고 성공회로 전향하게 되었다. 그가 엡워스에서 목회 사역을 하면서 끊임없는 비난과 협박을 받은 것도 성공회 목사였기 때문이다. 영국 왕실에 대해 불만을 품고, 국교인 성공회를 따르지 않는 작은 침례교파와 퀘이커교파의 환영을 받기란 어려웠다.

사무엘 웨슬리는 비국교회파 학교에서 전폭적인 지원을 받았고 미래가 기대되는 학자였다. 하지만 성공회로 전향하자 그는 매일 학비와 기숙사비를 걱정해야 하는 궁핍한 학생에 불과했다. 물론 그의 실력은 장학생이라는 타이

틀을 안겨 주었지만, 수산나와는 어울리지 않는 상대였다. 수산나의 집안은 비국교도이자 청교도 신앙을 고수하는 입장이었다. 이 둘의 결혼에 국교도와 비국교도라는 조건은 하나의 장벽이었다. 그러나 수산나가 사무엘 웨슬리를 따라 성공회로 옮기면서 별다른 문제가 되지 않았다. 귀족 가문의 부를 소유하고서도 견고한 신앙을 가졌던 수산나는 비록 부는 없지만 명석하고 총명한 사무엘 웨슬리를 선택했다.

웨슬리의 집안 형편은 그리 넉넉하지 않았다. 먹이고 입힐 아이의 수가 많기도 했지만, 더 큰 이유는 아버지인 사무엘 웨슬리가 가족들의 생계를 책임지는 능력이 부족했다는 것이다. 이들 가족의 안타까운 형편에 목회 사역에 대한 연봉도 올랐지만 도움이 되지 못했다. 그래서 사역 이외에 부업으로 책을 쓰기도 했는데, 《예수전》이라는 책을 메리 여왕에게 헌정했고, 〈욥기〉에 대한 연구서를 내기도 했다. 그럼에도 불구하고 빚은 빚을 낳았고 감당할 수 없는 지경에 처하게 되었다. 그래서 사무엘 웨슬리는 매일 빚쟁이들에게 시달렸다. 결국 사무엘 웨슬리는 돈을 빌려 준 사람의 악의적인 고발로 인해 유치장 신세를 지기도 했다.

어느 저녁, 웨슬리는 갑자기 온 몸에 힘이 빠지며 나른해졌다. 그러더니 열이 오르고 오한이 찾아들었다. 그날 밤, 아픈 웨슬리를 간호하던 수산나의 마음은 불안했다. 증상을 보니 아무래도 천연두에 걸린 게 확실했다. 당시 천연두는 모든 아이가 앓고 지나가는 흔한 질병이었지만, 가끔 앓다가 죽는 아이도 있었다. 8살짜리 웨슬리가 감당하기에는 힘든 통증이 따랐다. 온 몸을 뒤덮은 수포는 입 안까지 퍼져 먹는 일조차 쉽지 않았다. 그리고 전염성이 강해서 다른 가족들과는 격리된 채 지내야 했다. 그렇지만 웨슬리는 자신에게 닥친 통증을 그리스도인의 용기와 인내로 잘 참아냈다.

또래 아이들에 비해 웨슬리는 진지하고 어른스러웠다. 학구적인 기질이 강했으며, 매사에 이성과 양심에 꼭 맞게 행동하려고 노력했다. 그것은 나름의 신앙관과 결부되어, 하려는 일이 하나님의 진리와 인간의 도덕에 맞는 것인지 꼭 확인했다. 아주 사소한 일이라도 잠시 골똘히 생각한 후에 어떻게 할지 결정하고 행동했다. 사무엘 웨슬리는 아내 수산나의 모습을 빼닮은 아들의 냉철한 이성과 합리적인 태도가 반갑지 않았다.

사무엘 웨슬리는 일찍이 8살이 채 못 되어서부터 존 웨슬리를 성찬상 앞으로 나오도록 허락했다. 이것은 웨슬리의 신앙과 영성에 특별한 경험이 되었다. 어머니로부터 '배움의 신앙'을 다졌다면, 아버지로부터는 '체험의 신앙'을 물려받은 것이다. 웨슬리는 주의 성찬에 참여하여 그리스도의 피로 자신의 마음을 씻고 마음과 생활의 성결을 이루는 기도를 드렸다. 이러한 체험은 그에게 일생 동안 성례전적 영성을 가지고 사는 원동력이 되었다.

~

어머니는 위대한 멘토

~

웨슬리와 그의 형제자매들은 가정에서 초등학교 과정을 교육받았다. 아이들은 어머니 수산나가 세운 엄격한 규칙에 따라 생활했다. 그 규칙 속에는 신앙과 예절에 대한 훈련 그리고 여러 분야의 학문을 익히는 훈련이 들어 있었다.

수산나는 두 살 된 찰스 웨슬리에게도 회초리를 들었다. 이유 없이 칭얼대고 떼를 쓴다고 벌을 주었던 것이다. 어린 아이들이야 하루에도 몇 번씩 떼쟁이로 변하지만, 적어도 수산나에게는 그런 행동이 용납되지 않았다. 그녀는 원죄로부터 시작된 인간의 악한 의지가 모든 죄와 불행의 뿌리라고 생각했다. 그 모습을 지켜보며 웨슬리는 자신도 아주 어릴 때부터 저렇게 훈련을 받았다는 것을 새삼 실감했다.

거실 한쪽 벽면에는 지켜야 할 조항들이 빼곡히 적힌 종이가 걸려 있었다. 아침에 일어나면 아이들은 일렬로 나란히 서서 한 목소리로 규칙을 읊었다. 이 규칙들에는 수산나의 교육 철학이 고스란히 나타났다. 예를 들면 '주일성수'와 '가족 기도회'를 반드시 참여해서 신앙과 경건 훈련을 강조했고, '부모에게 순종'하며, 서로의 이름 끝에 '형제brother와 자매sister'를 붙이게 함으로써 존중을 가르쳤다. 거짓말을 하지 않고, 남의 물건을 탐내지 않도록 해서 영악한 아이가 되지 않도록 했고, 회초리를 달게 받게 해서 자신의 잘못에 책임을 지도록 했다. 집 안에서 큰 소리로 떠들거나 장난치지 않도록 했고, 상대방에게 부탁할 때는 최대한 예의를 지키도록 가르쳤다. 기본적인 생활 습관으로는 이부자리를 정리하거나 옷을 갈아입는 정도는 스스로 하게끔 했다. 특히 간식을 달라고 조르거나 음식을 남기는 행동은 금지했는데 가난한 형편 속에서 절제를 가르치기 위해서였다. 모든 규칙을 잘 지키면 아이들은 상을 받을 수 있었다. 그러나 규칙에 벗어난 행동을 했을 때는 누구도 예외 없이 벌을 받아야만 했다.

수산나가 가장 중요시한 가치관은 '정직'이었다. 그 나이의 또래들이 그랬듯이 웨슬리 또한 잘못을 저지를 때가 있었다. 그러면 웨슬리는 조금의 고민도 없이 어머니께 사실대로 잘못을 털어놓고 용서를 구했다. 수산나는 늘 아이들에게 잘못을 저질렀다면 정직하게 고백할 것을 강조했다. 그렇지 않고 돌려 말하거나 꾸며내서 자신의 잘못을 조금이라도 감추려고 한다면 벌을 주겠다고 했다. 웨슬리는 수산나의 말을 흘려듣지 않는 아이였다.

수산나는 인성에 대한 부분과 신앙적인 면에 대한 교육의 균형을 조화롭게 맞춰 나갔다. 가정이 곧 작은 교회라고 생각했기 때문이다. 아이들이 말을 배우기 시작하자 아침저녁 하루에 두 번씩 주기도문을 외워 기도하게 했다. 그리고 어느 정도 자랐을 때는 '사도신경 해설'과 '십계명 해설'과 같은 교리를 가르쳤다. 그리고 성경 구절을 암송하게 함으로써 성경에 대한 교육도 철저히 했다.

성경에 대한 교육은 이뿐만이 아니었다. 아이들은 성경을 원어로 읽는 정도였다. 수산나는 만 5세가 되면 글자를 가르치기 시작했는데, 영어, 독일어, 프랑스어, 라틴어, 히

브리어, 그리스어로 다양했다. 웨슬리는 언어들을 익히고 활용하는 데 소질이 있었다. 어머니가 성경을 원어로 읽는 것을 유심히 듣고 있다가 곧잘 따라했다. 그리고 규칙적인 생활 습관이 몸에 배어 있어 언어를 익힐 때 꾀를 부리거나 잔머리를 굴리는 일은 좀처럼 없었다. 물론 아버지와 어머니가 학문적으로 뛰어났다는 유전적인 요인도 무시할 수는 없었다.

웨슬리는 어머니의 엄격한 방식과 교육 원칙에 중압감을 느끼지 않았다. 매일 아침마다 일어나 오늘 하루는 또 어떻게 규칙을 따라 지낼지 걱정이 없었다. 수산나는 아이들에게 엄할 때는 엄했고, 자상할 때는 한없이 자상한 어머니였다. 하루 종일 규칙 속에서 지내느라 긴장했을 아이들에게 저녁을 먹인 뒤에는 꼭 즐거운 시간을 만들어 주었다. 웨슬리는 이 시간도 소중했지만, 매주 목요일 저녁 시간에 어머니와 단 둘이 갖는 경건의 데이트를 손꼽아 기다렸다. 웨슬리는 경건의 데이트를 통해 어머니의 따뜻함을 온몸으로 느낄 수 있었다. 도저히 풀리지 않는 의문들과 신앙

고민들을 수산나는 귀 기울여 들어 줬다. 웨슬리에게 어머니는 이 세상에 하나뿐인 상담사였다.

웨슬리는 '규칙에 따라 생활하는 훈련'disciplined life according to the rules을 할 때 말썽을 부리거나 반항하지 않았다. 그것은 웨슬리가 천성적으로 그런 기질이 없기 때문이 아니라, 수산나의 지혜로운 양육 방식 때문에 가능했던 것이다. 그녀가 보여 준 엄격함 뒤에는 아이들의 마음을 읽을 줄 아는 세심함이 숨어 있었다. 일방적으로 따르기를 강요하지 않고, 아이들과 소통하며 자연스럽게 따라오도록 이끌었던 힘은 그녀의 또 다른 교육 철학이었다.

웨슬리에게 수산나는 어머니이자 스승이기도 했고, 가장 이상적인 여성상의 표본標本이기도 했다. 사무엘 웨슬리와 가정을 이룬 후의 수산나는 가난하고 절제된 삶을 살아야 했다. 그리고 목사의 아내로서 비난을 퍼붓는 사람들을 상대해야 했다. 그러나 깊은 내면에서 우러나오는 강한 힘은 그녀를 견고하게 만들었다.

이런 영향 아래에서 자란 웨슬리에게 어머니라는 존재

는 가장 존경하고 신뢰하는 대상이었다. 그리고 어떤 여성도 어머니와 같은 기준에 충족될 수는 없었다.

'엡워스'를 떠나 '차터하우스'로

웨슬리는 몇 벌 되지 않는 자신의 낡은 옷들을 챙겨 짐 가방을 꾸리고 있었다. 방을 정리하다가 그동안 어머니와 함께 학습했던 노트들도 몇 권 챙겨 넣었다. 이제 곧 있으면 웨슬리는 런던으로 떠날 예정이었다. 작고 소박한 마을을 떠나 화려한 도시로 가게 될 웨슬리는 더 넓은 배움의 세계에 들어가게 된 것이 뿌듯했다. 그렇지만 한편으론 가 보지 못한 곳에 대한 두려움도 있었다. 문득 걱정스러운 마음이 들 때마다 웨슬리는 하나님이 인도해 주시리라는 믿음을 잃지 않았다.

10살이 된 웨슬리는 이제 가정에서의 학습을 마치고, 상급 학교로의 진학을 앞두고 있었다. 평소 웨슬리 가정에 후원을 아끼지 않았던 버킹엄 공작의 추천을 받아 런던에 있는 차터하우스 학교School of Charterhouse에 가게 된 것이다. 버킹엄 공작은 웨슬리의 형편을 아주 잘 알고 있었다. 아버지 사무엘 웨슬리가 긴박한 화재 현장에서 살아 나온 웨슬리의 이야기를 편지에 써 보낼 정도로 돈독한 사이였다. 버킹엄 공작의 추천을 받은 것은 아주 잘된 일이었다. 웨슬리는 장학금을 받으면서 지속적으로 학업을 이어갈 수 있었다.

웨슬리는 학교에서의 생활이 만만치 않음을 눈치챘다. 도착한 첫 날 저녁 식사를 하려고 막 기도를 끝냈을 때였다. 분명 빵과 고기를 배급받았는데, 눈을 떠 보니 고기는 사라지고 없었다. 웨슬리의 고기는 이미 맞은편에 앉은 험상궂은 선배의 입 속으로 들어가고 있었다. 상급생이 하급생의 고기를 다 빼앗아 먹는 악습은 학교의 엄격한 규율을 비웃는 듯 했다. 그로부터 14살이 될 때까지 웨슬리는 고기를 입에 대지도 못했다. 그나마 먹을 수 있는 빵도 늘 부족하고 질이 떨어질 때가 많았다. 아들의 건강을 염려하던 아버지 사무엘 웨슬리는 시간을 내서 규칙적으로 운동을 하라고 권면했다. 그리고 젊을 때 하는 고생은 훗날 값지게 남는다는 격려도 해 주었다. 웨슬리의 생각도 아버지와 크게 다르지 않았다. 그는 나중에 기록을 통해 차터하우스 학교에서는 늘 풍족하게 먹지 못했지만, 전혀 해가 되지 않았고 건강의 비결이 되었다고 그 시절을 회상했다.

엡워스에서의 가정 교육을 착실히 받은 웨슬리는 남들보다 뛰어난 면이 많았다. 어렸을 때부터 해온 히브리어와 헬라어 그리고 라틴어는 자신 있었다. 다른 학생들의 목소리보다 큰 편은 아니었지만 수업 시간에 다 같이 원어로 성서를 읽을 때, 유독 웨슬리의 목소리만 돋보였다. 웨슬리가 어학 분야에 탁월한 재능을 가진 것은 분명했다. 이외에도 기독교 고전, 교리와 신학의 분야를 섭렵하여 기초를 다져 나갔다. 학교의 교장이었던 투크 박사는 웨슬리를 지켜보며 다른 학생들보다 뛰어나고 총명하다는 것을 인정했다. 그리고 근면하며 양심적이고 규율을 잘 따르는 점도 높이 평가했다. 그 사실을 증명하듯 웨슬리는 재학 기간 동안 최고 우등생으로 지냈다.

저녁에 성경을 읽고 기도하는 시간은 웨슬리에게 숨을

쉬는 일만큼이나 중요했다. 웨슬리는 학교에서 정한 경건 훈련으로는 부족하다고 판단해 개인적인 훈련 시간을 세우고 지켰다. 학교의 경건 훈련은 어린 시절부터 규칙적인 신앙 습관을 길러오던 웨슬리에게 잘 맞지 않았다. 오히려 다른 학생들이 웨슬리의 경건 생활을 이해하기 힘들어 할 정도였다. 웨슬리는 다른 사람이 이해하지 못하는 자신의 경건 생활에 혼란과 위기감을 느꼈다. 자신에게 도전장을 내미는 이런 환경 속에서, 어머니의 울타리를 유지하기란 역부족이었다. 그래서 스스로 규칙을 정하고 실천하기로 결단했다. 가장 첫 번째는 다른 아이들처럼 나쁘게 되지 않겠다고 다짐했다. 그리고 경건 생활을 즐거워할 것과 성경을 묵상하고 예배에 참석하며 규칙적인 기도를 드리기로 다짐했다. 그렇게 차터하우스 학교에서 지낸 6년의 과정은 웨슬리의 인생에서 성장의 발판이 되었다.

집안의 맏아들인 웨슬리의 큰형 사무엘은 웨슬리가 고향을 떠나 타지에 정착할 수 있게 큰 도움을 준 사람이다. 사무엘 역시 런던에 살고 있었는데, 옥스퍼드 대학을 졸업하고 웨스트민스터 학교에서 교편을 잡고 있었다. 사무엘과 웨슬리는 무려 15살 터울이었다. 그렇기 때문에 웨슬리는 큰형을 아버지처럼 생각하며 의지했다. 학교에 수업이 없는 날인 매주 일요일과 공휴일에는 외출을 허락받고 형을 만나 함께 시간을 보냈다. 이 시간 동안은 엄격한 규율과 과중한 학업에서 오는 부담감을 내려놓을 수 있었다. 웨슬리가 차터하우스 학교에 입학한 후 2년 뒤에는 동생 찰스 웨슬리가 큰형이 근무하고 있는 웨스트민스터 학교에 입학했다. 그래서 웨슬리 3형제는 4년 반 동안 함께 런던에 머물며 따뜻한 가족의 정을 나눴다.

2장

웨슬리에게 준비된 훈련들

더 넓은 훈련의 장, '옥스퍼드'

오전에 수업이 있어 나가던 길에 편지 한 통이 와 있는 것을 발견했다. 보낸 사람의 이름을 확인하니 그의 어머니 수산나였다. 편지 한 글자마다 어머니로서의 진심 어린 애정과 걱정이 묻어났다. 경제적으로 힘들게 지내고 있을 아들을 위해 없는 형편이지만 약간의 돈을 마련해 부쳐 주겠다는 내용도 있었다. 밤낮으로 자신을 위해 기도를 멈추지 않을 어머니를 생각하면 그는 지금 처한 자리에서 최선을 다해 지내야 한다는 뭉클한 부담감이 있었다.

웨슬리는 지난밤에도 고향에 부칠 편지를 써 놓았다. 그의 책상 첫 번째 서랍을 열면 부치지 못한 편지가 수십 통이었다. 형과 동생 그리고 누이들에게 쓴 편지도 있었다. 그렇지만 우표를 살 돈마저 없어 소식 한번 제대로 전해 줄 기회가 없었다. 웨슬리는 소식을 기다리고 있을 어머니를 생각하니 마음이 착잡했다. 옥스퍼드 대학에 진학한 가난한 시골 마을 목사의 아들은 여전히 궁핍한 생활을 면치 못했다. 그에게 유일한 수입은 모교인 차터하우스 학교에서 지원하는 장학금이 전부였다. 그것도 학비와 생활비를 충당하기에는 역부족이었다. 그렇지만 다행히도 그의 주변에는 도움을 주는 좋은 사람이 많았다. 웨슬리의 친구 대부분은 부잣집 아들로 가난한 웨슬리에게 돈을 잘 빌려 주며 친절했다. 또 그의 지도 교수들은 웨슬리의 안타까운 사정을 듣고 학교에 내야 할 비용을 면제해 주기도 했다.

웨슬리는 자신의 가난을 불편해하지 않았고, 오히려 안전하다고 여겼다. 당시 옥스퍼드의 교수와 학생들은 값비싼 모자와 가발을 쓰고 다녔다. 물론 그것은 경제적인 상류층만이 가질 수 있는 부유함의 상징이었다. 그래서 그것을 훔치기 위해 학교 안에 숨어 있는 사람도 많았다.

어느 날 웨슬리는 앞서 가던 사람이 모자와 가발을 날치기 당하는 일을 목격했다. 그는 어머니에게 보낸 편지에 이 일화를 소개하며 자신에게는 결코 그런 일이 일어나지 않아서 매우 안전하다고 했다. 그는 단정하게 이발할 비용도 없어 머리를 기르고 다녔고, 모자나 가발 대신 빗어 넘기는 게 전부였다. 그가 만약 돈에 대한 지나친 욕심을 가졌다거나 세상을 부정적으로 보는 시각을 가졌더라면 견뎌내지 못했을 삶이었다. 어쩌면 청렴한 목회자가 되기 위해 예비하신 하나님의 혹독한 훈련의 시간이었을지도 모른다. 그는 이런 면에서 준비된 사람이었다.

청년 웨슬리는 가난한 형편에도 절대 실망하지 않는 밝고 건강한 내면을 소유하고 있었다. 그래서 다른 사람들에게 좋은 인상을 심어 주었고, 그것이 매력이 되었다. 하다못해 사람들에게 그의 건강이 좋지 못하다는 사실을 잊게 할 정도였다. 웨슬리는 그 당시 남성의 평균 체격보다 말랐고 허약했으며 자주 코피를 흘렸다. 한번은 코피 때문에 목숨이 위태로운 상황에 처할 뻔도 했다. 길을 걷던 중에 갑자기 쏟아진 코피는 그의 숨구멍을 막을 정도로 멈추지 않았다. 그런 상황에서도 침착하게 대처한 웨슬리는 입고 있던 옷을 다 벗고 즉시 강물로 뛰어들었다. 그러자 코피는

멈췄고 잠시 안정을 취했다. 그의 악화되는 건강 상태는 이미 예견된 것이었다. 집을 떠나 차터하우스 기숙사에서부터 제대로 먹지 못해 영양 상태가 엉망이었고, 옥스퍼드에서의 생활도 역시 질적으로나 양적으로도 형편없었다. 게다가 공부의 양도 늘어 자신의 몸을 돌볼 틈조차 없었다.

이대로는 견딜 수 없다고 생각한 웨슬리는《건강과 장수》라는 책을 찾아 메모하기 시작했다. 그 책은 당대에 가장 유명했던 체이니 박사의 저서였다. 체이니 박사의 조언에 의하면 양과 질을 따져서 먹고, 운동을 게을리하지 않으며 규칙적으로 살 수 있도록 노력해야 했다. 건강이 좋지 않았던 웨슬리는 전화위복轉禍爲福의 기회로 삼고 건강을 관리하는 데 노력을 기울였다.

웨슬리의 배움을 향한 열정은 천여 권의 책을 독파할 정도로 쉼이 없었다. 그는 성경을 가장 많이 읽었고, 다음으로는 신학에서 중세기 신비주의 영성과 경건 문학을 많이 읽었다. 이외에도 고전 철학, 고전 역사, 고전 문학의 영역도 즐겨 읽었으며, 정치, 경제, 사회, 지리, 의학, 예술 등에 걸쳐 다양한 분야를 두루 섭렵했다. 그는 5년간 대학생활에서 줄곧 최고 학점을 놓치지 않으면서도 꾸준한 독서활동을 통해 교양을 넓혀갔다. 어릴 적 아버지 사무엘 웨슬리는 아들 웨슬리에게 꼭 읽어야 할 책을 추천하며 자연스럽게 독서를 하게 했다. 그러한 독서 훈련이 습관으로 굳어졌고, 비로소 옥스퍼드 시절에 빛을 보게 된 것이다.

성자의 삶을 향하여

그날도 웨슬리는 늦은 시간까지 도서관에서 책을 읽다가 방으로 돌아가던 길이었다. 독서는 계속되는 금전적인 문제로 어지러운 머릿속을 정리하는 데 도움이 되었다. 그때, 맞은편에서 오던 짐을 나르는 일꾼과 마주쳤다. 간단한 인사를 하고 지나치려는데, 웨슬리의 눈에 일꾼의 낡고 더러운 코트가 눈에 들어왔다. 그에게 집으로 돌아가 코트도 갈아입고 저녁을 먹으며 좀 쉬라고 권했다.

그러자 그는 인자한 미소를 띄우며 옷이라고는 더러워진 코트 한 벌뿐이고, 오늘 저녁에 먹을 것이라곤 마실 물밖에 없으며, 밤이 늦어도 돌아갈 집이 없지만, 모든 것은 하나님이 베풀어 주신 은혜이자 감사라고 고백했다. 웨슬리는 예상치도 못한 대답에 당황했다.

잠시 뒤, 웨슬리는 그에게 또 감사할 것들은 무엇인지 재차 물었다. 그러자 그는 아름다운 이 땅에서 살아 있음에 감사하고, 하나님을 사랑하며 섬길 수 있는 기회를 주신 것이 감사하다고 말했다. 웨슬리는 일꾼이 던진 한마디가 뇌리에 박혀 잊히지 않았다. 동시에 그때부터 자신의 모습을 철저하게 되돌아보게 되었다.

부모님의 곁을 떠나 대학에서 학부 과정을 마칠 동안, 어리석은 죄를 지으며 살았던 자신의 모습을 발견했다. 아버지의 성격을 닮아 조급해서 화를 잘 내고 남을 괴롭혔던 일, 돈을 갚을 능력도 없으면서 꾸어 되갚지 못하고 빚을 졌던 일 등은 결코 성자의 삶이라 할 수 없었다. 이제부터라도 신앙적으로 더 진지하고 성결한 삶을 살기로 작정했다. 웨슬리는 자신의 영적 경험이 얕고 좁다는 사실과 습관적인 믿음 생활에 회의감을 느꼈다. 그리고 경험하지 못하고 알지도 못한 신앙의 위대하고 신비한 세계와 깊이를 체험하고 싶었다. 웨슬리의 '첫 번째 회심'이라고 불리는 깨달음의 여정은 이렇게 시작됐다.

크라이스트처치에서 학사 학위를 받고, 석사 과정에 들

어간 웨슬리는 '앞으로 해야 할 일'에 대해 깊이 고민했다. 그는 어느 때 부터인가 알 수 없는 힘에 이끌려 성직자의 길을 생각하고 있었다. 그것이 순수하게 본인의 결심이든 아니면 부모님의 보이지 않는 기대이든 간에 중요하지 않았다. 그보다는 어린 시절, 아버지의 고된 목회 사역을 옆에서 보고 자란 웨슬리에게 성직자의 길은 결코 만만치 않다는 점이 문제였다. 웨슬리는 자신의 가장 탁월한 멘토인 부모님에게 고민을 적어 보냈다. 웨슬리의 고민을 받아든 사무엘 웨슬리와 수산나는 장성한 아들의 진지한 고민에 가슴이 뭉클했다. 하나님의 아들로 훌륭하게 자라 성직자의 길을 가겠다는 아들의 말에 뿌듯하지 않을 수 없었다.

그러나 웨슬리가 성직 수임을 받겠다고 했을 때, 아버지는 어머니의 입장과 달랐다. 그의 아버지는 신학적인 소양을 더 쌓은 후 받으라고 권면했고, 반대로 어머니는 성령님의 인도를 따라 되도록 빨리 받는 것이 유익하다고 했다. 한마디로 이론과 실천 사이에서 둘의 견해 차이가 있었던 것이다. 그런데 아버지 사무엘 웨슬리의 건강이 급속도로 악화되면서, 자신의 뒤를 이을 사람이 간절해졌다. 그래서 아들의 성직 수임 시기에 대한 아버지의 생각은 조금씩 움직이고 있었다. 이때 수산나의 지혜롭고 강력한 설득이 더해지면서 자연스럽게 웨슬리의 성직 수임 시기는 앞당겨졌다. 웨슬리의 부모는 성직 수임에 대한 비용을 지원하고, 아낌없는 조언을 통해 적극적인 지지를 보냈다. 그리하여 웨슬리는 3년의 기간 동안 집사 임명과 장로 임명을 거쳐 성직의 길로 들어서게 되었다.

토마스 아 켐피스Thomas a Kempis, 제레미 테일러Jeremy Taylor, 윌리엄 로우William Law는 책을 통해 웨슬리의 내면을 다지게 해 준 '영적 교사'라는 공통점이 있다. 성직자의 길에 들어선 웨슬리에게 이들은 실천 신학의 교과서가 되었으며, 성직 수임을 받기 위한 자세와 완전한 헌신에 대해 가르쳐 주었다. 신비주의 수도 성자인 토마스 아 켐피스의 《그리스도를 본받아》, 영국 국교회의 주교이자 신비주의 영성가인 제레미 테일러의 《거룩한 삶과 거룩한 죽음의 규율과 훈련》, 자신의 스승인 옥스퍼드 대학 교수 윌리엄 로

우의 《그리스도인의 완전》과 《경건하고 거룩한 생활에의 엄숙한 부름》을 읽고 하나님에게 온 마음을 드리지 않으면 아무 유익이 없다는 것을 깨달았다. 그래서 매일 1~2시간씩을 기도드리는 시간으로 정하고, 내적으로 거룩하고 깨끗하기를 간구했다. 또 일생 동안 생각과 말, 행동을 하나님에게 제물로 바쳐 흠 없는 그리스도인으로 살기로 결심했다.

웨슬리는 먼저 크게 '의지에 관한 4가지 총칙'을 세우고, 세부적으로 '거룩한 삶을 위한 9가지 규칙'을 만들었다. 그리고 매일 밤 기도 시간과 토요일에 자신의 마음과 태도를 성찰했다. 이러한 규칙들과 자기 성찰의 시간은 세상의 유익을 따르지 않고 하나님만을 깊이 생각하기 위한 그만의 훈련이었다.

루트에서의 첫 목회 그리고 성장

사무엘 웨슬리는 수첩에 적힌 사람들을 만나고 다니느라 바쁘게 지냈다. 그는 아버지로서 아들이 옥스퍼드 링컨 칼리지의 펠로우(일종의 연구 교수직)로 선발되도록 돕고 싶었다. 사무엘 웨슬리는 아들이 원하는 바를 어느 누구보다 잘 알고 있었다.

만약 웨슬리가 펠로우로 선발된다면 경제적 형편에 구애받지 않고 원하는 학업을 이어갈 수 있었다. 일단 웨슬리는 펠로우로 선발되기에 유리한 조건을 갖추고 있었다. 그가 태어난 링컨셔 주의 출신들을 우선으로 선발했기 때문이다. 더욱이 아버지의 수고가 보탬이 된다면, 기대를 해볼 만한 자리였다. 아버지 사무엘 웨슬리는 우선 링컨 대학의 학장인 몰리 박사와 사임하는 펠로우의 아버지 되는 존 토롤드 경에게 아들을 후원해 달라고 부탁했다. 얼마 후, 웨슬리 가족에게 기쁜 결과가 날아 들었다.

어머니 수산나는 고향에 내려온 아들을 데리고 다니며 마주치는 사람마다 옥스퍼드에 새로운 학자가 탄생했다고 자랑을 멈추지 않았다. 웨슬리는 모든 사람에게 환영과 축하의 인사를 받으며 자신에게 주어진 자리에서 최선을 다하겠다는 다짐을 했다.

옥스퍼드로 돌아온 웨슬리는 강의 준비와 자신의 계속되는 학업으로 바쁘게 지냈다. 그러면서 그는 건강할 때 할 수 있는 일에 최선을 다하고, 한가로이 시간을 낭비하지 않겠다고 자신과 약속했다. 웨슬리는 주로 헬라어와 논리, 철학 등의 과목을 담당하여 강의했고, 철저한 연구 계획을 세워 공부에 전념했다. 또한 옥스퍼드의 여러 교회를 순회하며 설교도 맡았다. 그는 하루도 쉬는 날 없이 매일 해야 할 일을 정해 놓고 실행했다. 하지만 이렇게 바쁜 일정 속에도 웨슬리는 다른 이들과 교제하는 시간을 즐겼다.

웨슬리는 펠로우로 재임하는 기간 동안 고향에 내려가 아버지의 목회를 돕기도 했다. 펠로우는 대학에 머물며 교수 활동을 하지 않아도 다른 곳에서 계속 연구할 수 있다는 조건이 있었기에 가능한 일이었다. 그렇지 않아도 아버지의 병세가 날로 심해진다는 소식에 마음이 무겁던 참이었다. 사무엘 웨슬리는 루트Wroot 교구와 엡워스 교구 두 곳을 담당했는데, 일단 웨슬리가 루트 교구를 담당해 목회 활동을 시작하도록 했다. 웨슬리는 하나님의 인도하심을 따라 점차 목회의 길로 들어서고 있었다.

웨슬리가 처음으로 맡게 된 루트 교구는 영국 동북쪽에 위치한 조그만 농촌 마을로, 그의 고향인 엡워스와 크게 다르지 않았다. 교회와 사제관은 붉은 벽돌로 단출하게 지어진 작은 시골집에 불과했다. 교회당 주변은 병을 옮길 것 같은 쥐들과 냄새나는 가축들이 제멋대로 돌아다니고 있어서 위생적으로도 좋지 않았다.

환경이 말해 주듯 경제적이나 도덕적으로 황폐하고 타락했으며, 루트의 사람들은 아주 거칠고 험한 편으로 만만한 상대가 아니었다. 학교 울타리 안에서 학문에만 전념하며 얌전한 생활을 해왔던 그에게 첫 목회지였던 루트는 훈련의 장이었다. 그동안 그가 누려온 세속에서 벗어난 신학과 문학 그리고 고전들은 이 지역 사람들에게 굳이 필요가 없었다. 급기야 그는 자신의 설교가 사람들에게 변화와 도전을 주지 못한다고 자책했다.

하지만 심지가 단단했던 웨슬리는 곧 루트의 생활에 적응해 나갔는데 심지어 목회 생활을 즐거워할 정도였다. 그는 목회 생활의 즐거움을 루트 사람들과의 활발한 교제를 통해서 얻었다. 시간이 허락되면 가족들과 여가 시간을 보내기도 했다. 그리고 눈앞에 펼쳐진 자연을 벗 삼아 더불어 책을 가까이하며 마음의 휴식도 얻었다. 루트에서 생활은 웨슬리에게 또 다른 활력이 되었으며, 경험의 폭을 확장하는 소중한 시간이 되었다.

한마음 한뜻으로 시작된 모임

링컨 대학 학장 몰리 박사는 급히 웨슬리에게 편지를 써 보냈다. 학생들의 기초 과목 강의와 개인 지도를 담당할 교사의 수가 부족하니 빨리 돌아오라는 내용이었다. 루트에서 2년간의 생활을 정리하고 링컨 대학으로 돌아온 웨슬리에게 다시 바쁜 일상이 시작되었다. 그리고 또 다른 새로운 도전이 그를 기다리고 있었다.

웨슬리의 동생인 찰스는 옥스퍼드 크라이스트처치 대학에 입학한 후로 쉽게 마음을 잡지 못했다. 웨슬리가 찰스에게 영적으로 충고를 건네도 자유분방한 성격의 찰스는 성자의 삶이 자신과 거리가 멀다며 받아들이지 않았다. 그렇지만 어머니 수산나의 조언이 담긴 끊임없는 격려의 편지와 웨슬리의 지속적인 양육이 결국 찰스를 제자리로 돌아오게 했다. 이후로 게으른 영적 생활을 반성한 찰스는 경건 생활을 유지하면서도 형 못지않게 우수한 성적으로 졸업하여 곧바로 크라이스트처치 대학의 튜터(지도 교사)가 되었다.

찰스와 윌리엄 몰간, 로버트 커크함 세 친구는 학교의 조용한 장소를 찾아 돌아다녔다. 이들은 지난밤 함께 모여 이야기를 나누던 중에 경건 훈련이 필요하다는 것을 깨달았다. 그래서 규칙적으로 모여 성경과 경건 서적을 읽고 각자의 은혜를 나누는 모임을 만들기로 했다. 매 주일 성만찬을 받고 개인 기도 시간도 지키면서 저녁에는 경건 모임을 만들었다는 동생의 소식에 웨슬리는 감사 기도를 드렸다. 그리고 자신도 기꺼이 모임에 동참하여 고전 학문 연구와 경건 훈련에 도움을 주겠다는 뜻을 내비쳤다. 이렇게 결성된 모임은 점차 옥스퍼드 메서디스트들(규율가)의 모임인 '신성 클럽'Holy Club으로 자리 잡게 되었다. 이 모임에는 '메서디스트'Methodist라는 별명이 붙었는데 이것은 그들의 규칙적인 생활에 대한 평가나 다름없었다.

철저한 규칙을 따라야 함에도 불구하고, 날이 갈수록 이 모임에 참여하는 사람들이 조금씩 늘어났다. 간혹 엄격한 규율이 몇몇의 사람을 떠나가게 만들었지만, 그로 인해 오히려 모임의 분위기는 더욱 견고해졌다. 이들은 먼저 서로를 돌보고 권면하며, 사회의 구성원으로서 봉사에 소명을 가지고 감옥의 죄수들을 방문하여 전도하거나 가난하고 병든 사람들을 구제하는 사역도 했다. 그리고 가지고 있는 재능과 역량을 발휘해 극빈층의 아이들을 위한 학교를 세우고 가르치기도 했다. 이 일에 필요한 비용은 각자의 생활비를 쪼개서 충당했는데, 혹시라도 수입이 늘어나게 되면 그만큼에 비례하는 일정 금액을 매번 아낌없이 내놓았다. 그야말로 이들의 다짐과 실천은 조금의 흔들림 없이 한결같았다. 왜냐하면 그들은 하나님 앞에서 성결한 삶을 살기로 다짐했기 때문이다.

이렇게 사역의 범위를 넓혀 활발하게 활동하자 그들을 비판하고 조롱하는 세력들이 나타나기 시작했다. 하지만 웨슬리는 전혀 흔들림 없이 진정으로 그리스도를 믿는다면 하나님을 사랑하고 이웃을 사랑하라는 두 가지의 큰 계명을 지키는 것이 옳다고 강조했다. 그러니까 경건의 행위 work of priety와 자비의 행위work of mercy가 동시에 이뤄져야 하며, 자비의 행위는 실천적 성결practical holiness로서 그리스도를 본받아 초대 교회의 모습을 모범으로 삼아야 한다는 뜻이었다.

웨슬리는 특별히 모임 안에서 성경을 신앙생활의 표준으로 삼고 그리스도인의 모범으로 삼으라고 권면했다. 그래서 생겨난 별명이 '성경 그리스도인'bible Christian이었다. 이 밖에도 '좀벌레가 종이를 갉아 먹듯이 성경을 열심히 읽는다.' 하여 '성경 좀벌레들'bible moth, 그리고 웨슬리의 개인적인 고백에서 비롯된 '한 책의 사람'homo unius libri, '성경 고집쟁이들'bible bigots 등도 있었다.

3장

~

새로운 시작, 새로운 경험

John Wesley

낯선 땅에 복음을 심으러

신성 클럽이 생겨나고 전성기를 이룬 지 6년이 지났을 무렵, 이 모임에 몸담았던 사람들이 각자의 소명을 따라 길을 나서자 신성 클럽은 자연스럽게 해체의 수순을 밟게 되었다. 이제 그들은 옥스퍼드를 떠나 사역의 현장을 향해 새로운 삶으로 파송되었다.

웨슬리와 찰스도 새로운 삶의 시작을 위한 계획과 준비의 과정 속에 있었다. 아버지는 오래전부터 웨슬리에게 엡워스 교구를 맡아 줄 것을 제안했었다. 하지만 아버지의 목회를 그대로 물려받게 되면 자신의 비전이 이대로 묶여 버릴 것만 같았다. 주변에 활발히 교제할 동역자가 없고 고립된 엡워스 교구로 다시 돌아가서는 지금의 생활을 영위할 수 없다고 판단한 것이다. 웨슬리에게 옥스퍼드는 그가 꿈꿔 왔던 이상을 펼칠 수 있는 가장 만족스러운 곳이었다.

웨슬리와 아버지 사이에 보이지 않는 줄다리기는 결국 웨슬리의 승리로 끝났다.

끝까지 주장을 굽히지 않았던 웨슬리는 뒤늦은 후회를 감당해야만 했다. 도보 여행으로 엡워스를 방문해 아버지를 만나고 얼마 지나지 않아 비보悲報를 듣게 된 것이다. 그제야 웨슬리는 왜 아버지가 큰형까지 동원해 엡워스로 불러들이려 했는지 깨달았다. 그리고 생전에 아버지가 다른 자녀들보다 자신을 유독 믿고 의지했음을 느끼게 되었다. 그는 마음을 다 잡고 아버지의 목회를 이어가려 했지만, 엡워스 교구는 이미 다른 사람이 맡기로 결정되어 있었다.

아버지가 돌아가시자 가족들은 여기저기로 흩어졌고 고향인 엡워스로 돌아갈 수도 없는 웨슬리는 잠시 혼란 가운데 있었다. 그러나 이내 곧 웨슬리와 찰스에게 '조지아와 오글소프'James Edward Oglethorpe라는 새로운 표지판이 나타났다. 웨슬리는 친구인 존 버튼 박사의 소개로 아메리카 식민지 건설 책임자인 오글소프를 만나게 되었다. 당시 영국은 가난한 사람들이 부자들에게 돈을 빌리고 제때 갚지 못하면 무조건 감옥에 가게 되는 형법을 적용하고 있었다. 그래서 1년에 빚을 갚지 못해 투옥되는 사람의 수가 4천 명에 달할 정도로 포화 상태였다. 오글소프는 이러한 문제를 해결하기 위해 죄수들을 식민지 중 한 곳인 조지아 개척에 투입하기로 했다.

그곳은 독일, 프랑스, 스코틀랜드, 영국에서 온 이민자들과 모라비아 교회 교도들, 토착 인디언 부족들로 구성된 부유한 식민지였다. 오글소프는 경건한 신앙으로 조지아를 기독교적인 유토피아로 건설하기 위한 비전이 있었고, 함께 일해 줄 선교사를 찾는 중이었다. 버튼 박사는 이 일의 적임자로 웨슬리와 찰스 형제를 오글소프에게 강력히 추천했다. 오글소프는 친절하고 온화한 성품인데다가 덕망 있는 인격으로 웨슬리와 말이 잘 통했다. 특히 웨슬리는 신성 클럽에 있으면서 죄수들을 전도하기 위해 사역했던 경험이 있었기 때문에 오글소프의 계획에 마음이 동했다.

그러나 웨슬리는 그저 마음이 끌리는 대로 하지 않고 기도로 준비하며 주변 사람들에게 자신의 계획을 알렸다. 큰

형을 비롯해 대학의 스승 그리고 친구들에게 조언을 구했고, 마지막으로 그에게 가장 중요한, 홀로되신 어머니의 의견을 구했다. 수산나는 아들들이 모두 선교사로 나간대도 절대 말리거나 반대하지 않겠다고 말하면서 적극적인 후원자가 될 것을 기쁨으로 약속했다. 또한 영국의 '해외복음 선교회'로부터 재정적인 후원을 약속받고, 모든 사람의 축복 속에 조지아 선교사로 임명되었다. 웨슬리 곁에는 형의 권유를 따라나선 동생 찰스와 하나님이 붙여 주신 벤저민 잉엄Benjamin Ingham, 그리고 찰스 델라모트Charles Delamotte가 함께했다.

웨슬리는 옥스퍼드를 뒤로 한 채, 조지아로 떠나는 배에 몸을 실었다. 그리고 선상에서 꾸준히 여행 일기와 편지로 기록을 남겼다. 그 기록들에는 웨슬리가 조지아로 떠나게 된 심정과 사역의 목적이 들어 있었다. 그에게 선교를 나선 가장 큰 두 가지 목적은 '자신의 영혼을 구원하고, 하나님의 영광을 나타내기 위함'이었다. 그리고 세상의 유혹과 단절된 조지아에서 인디언들과 이교도들에게 진정한 복음을 전하고 선을 행하려는 목표를 가지고 있었다.

웨슬리는 배 안에서도 제2의 신성 클럽을 조직해 규칙적인 생활의 모범을 보였다. 웨슬리 일행은 개인 기도로 새벽을 열었고, 그 후에 모여서 함께 성경을 탐독했다. 아침 식사를 마치자마자 공동 기도회를 통해 영적 대화의 시간을 갖고 흩어졌다가, 정오에 다시 모여 배 안에서의 사역에 대한 회의를 열었다. 점심 식사 후에는 3시간 동안 배 안에 있는 이민자들을 대상으로 꾸준히 복음 전파와 봉사를 이어갔다. 하루 일과가 끝날 무렵에는 독일 모라비아 교회 교도의 예배에도 참여했고, 새벽을 기도로 열었듯이 잠들기 전에도 모여 기도로 하루를 마쳤다. 배는 쉴 새 없이 요동치고 잠자리 또한 편안하지 않았지만 이런 생활은 조지아에 도착하기까지 무려 57일간이나 계속되었다. 웨슬리 일행의 선교 훈련은 이미 배 안에서부터 시작되고 있었다.

폭풍 속의 평안

영국을 벗어난 시몬즈 여객선은 신대륙을 향해 쉼 없이 달려 대서양 바다 한가운데 떠 있었다. 당시에 대서양을 가로지르는 것은 대단한 모험과도 같았는데, 항해 도중 많은 여객선과 무역선이 폭풍과 태풍에 난파되어 목숨을 내걸어야만 했기 때문이다. 웨슬리 일행이 탄 배도 불안한 바다 위에서 위험한 항해를 하고 있었다.

배 안에서 웨슬리는 자신의 평정심이 흔들리는 위기를 몇 번이고 맞아야 했다. 배를 타기 전 이미 오글소프로부터 바다 위에서 만나는 폭풍우와 태풍에 대한 이야기를 듣긴 했지만, 실제로 겪어 보니 무척 고통스러웠다. 죽음의 공포에서 헤어나올 수 없는 사람들은 바다가 잠잠해지기를 기다릴 수밖에 없었다. 웨슬리도 죽음의 공포에 질린 다른 사람들과 같은 심정이었다. 마치 한꺼번에 집어삼킬 듯이 달려드는 사자와 같은 성난 바다 앞에서, 웨슬리의 귓가를 감싸는 평화로운 음색의 찬송이 어디선가 들려왔다.

웨슬리는 정신을 가다듬고 찬송이 울리는 쪽으로 몸을 돌렸다. 찬송하는 사람들이 모인 주변은 매우 평온했고, 마치 다른 세상에 와 있는 사람들처럼 두려운 기색이 없었다. 그들은 독일의 모라비아 교회 교도였는데, 웨슬리는 그들을 보고 어떤 상황에서도 담대한 신앙을 갖지 못한 자신을 되돌아보게 되었다. 또한 영국 메서디스트에게는 곡조 있는 신앙고백이 매우 제한적이라는 생각을 갖게 되었다. 그래서 웨슬리는 모라비아 교회 교도에게 크게 감명받아 배 안에서 교제하며 그들이 부르는 찬송을 배우고 익혔다.

배에 오른 지 정확히 57일 후 웨슬리와 일행은 조지아의 서배너Savannah에 발을 디뎠다. 그리고 이틀 후에 오글소프의 소개로 조지아의 모라비아 교회 교도 지도자인 어거스트 스팽겐버그Agust Spangenberg 목사를 만났다. 마침 모라비아 교회 교도에게 좋은 인상을 갖고 있던 웨슬리는 그에게 구체적인 사역 방향에 대한 조언을 구하고 싶었다. 그런데 스팽겐버그 목사는 뜬금없이 웨슬리에게 하나님의 아들로서 예수 그리스도가 당신을 구원하셨고, 성령님이 주시는 확신이 있는지를 물었다. 웨슬리는 자신의 내면에 구원의 확신이 없어 당황했지만 겉으로는 그렇다고 대답했다. 얼떨결에 빈말을 한 웨슬리는 또다시 혼란스러웠다.

웨슬리는 규칙적인 경건 생활과 선을 행하는 데 온 힘을 쏟아부었지만, 자신을 구원하신 예수 그리스도의 은총을 경험하지 못했었다. 그는 예수가 온 세상 인류를 구원하기 위해 죽으셨다는 사실은 알았어도, 진정 나를 위해 죽으신 예수를 깊이 생각해 본 적이 없었다. 이 질문은 그의 신앙과 신학, 복음 전도와 목회에 큰 도전장이 되었고, 감리교 교리를 세우는 데 결정적인 역할을 했다. 웨슬리는 모라비아 교회 교도들과 교제하며 사막의 오아시스와 같다는 느낌을 받았다. 그 후 애초에 계획과는 달리 웨슬리는 이교도들을 위한 선교가 아닌 교구를 책임지는 목회를 하게 되었다. 그의 목회는 크게 두 가지 차원에서 이뤄졌다.

첫째, 영국인 교구 교회를 돌보는 일이었다. 그는 영국인을 대상으로 하는 목회에 조금도 게을리하지 않고 충성했다. 매일 아침과 저녁에 기도회를 열었고, 주일마다 성찬예식을 거행했다. 둘째, 목회 사역 가운데 '작은 신도회'a small society를 만들고 지도하는 일이었다. 매주 수요일, 금요일, 주일 저녁에 기도와 말씀 읽기 그리고 찬송으로 모임을 이끌었다. 특히 신도회를 지도하면서 모라비아 교회의 영향을 받아 새로운 시도와 실험적인 목회를 지향했다.

모라비아 교도들에게 찬송을 배울 정도로 관심이 컸던 그는 공중예배에서 부를 수 있는 《시편과 찬송집A Collection of Psalms and Hyms》을 엮어냈다. 이 책의 절반은 아이작 왓츠Isaac Watts의 작품이고, 간간히 그의 아버지와 큰형 사무엘의 작품도 실었다. 또한 웨슬리 자신이 직접 번역한 모라비아 교회 찬송가 5편도 함께 넣었다.

또한 서배너 지역의 어린이들을 대상으로 주일학교 sunday school와 주간학교day school를 열었다. 웨슬리가 이 지역에 최초로 시도한 교육 사업은 어린이들에게 종교 교육이 필요하다는 중요한 사실을 깨닫게 했다.

~

웨슬리 형제에게 닥친 시련

~

순조롭게 사역을 진행해 나가던 어느 날, 서배너의 행정관이 아내와 아이를 데리고 웨슬리에게 찾아왔다. 그 부부는 자신의 아이가 웨슬리에게 세례받기를 원했다. 그런데 행정관의 부인은 아이의 온 몸이 물에 잠기는 침례는 원하지 않으니 다른 방법으로 세례를 해 달라고 부탁했다. 하지만 웨슬리는 아이가 물에 잠기지 못할 별다른 이유가 없기 때문에 침례를 받아야만 한다고 단호하게 말했다.

결국, 행정관의 아이는 다른 성직자에게 머리에 물을 뿌리는 방식으로 세례를 받았고, 이 사건이 소문으로 돌아 위기를 맞게 되었다.

동생 찰스는 조지아의 두 번째 개척 마을인 프레데리카 frederika의 교회에서 사역을 하고 있었다. 하지만 그는 형보다 더 목회 사역이 순조롭지 않았고 큰 사건에 휘말리게 되었다. 호킨스Hawkins라는 부인이 찰스와 오글소프 사이를 이간질하는 바람에, 화가 난 오글소프는 찰스가 더 이상 사역을 하지 못하도록 막아버린 것이다. 엎친 데 덮친 격으로 건강까지 악화되어 6개월 만에 영국으로 돌아가고 말았다. 그러나 이 사건은 여기서 일단락되지 않았다. 동생 대신 프레데리카를 맡아 목회를 하던 웨슬리까지 사건에 말려 들어 곤란을 겪었다. 찰스는 웨슬리에게 호킨스 부인을 강력하게 비판하는 내용의 편지를 적어 보냈는데, 그 편지를 호킨스 부인이 보게 되었고, 그녀는 화가 극에 달해 웨슬리의 팔을 물어뜯은 것이다. 그 후 웨슬리는 더 이상 프레데리카를 돌볼 자신이 없어 그곳을 포기하고, 서배너의 목회에만 집중하게 되었다.

웨슬리 형제는 편지로 인해 곤란한 사건을 겪은 뒤로 비밀스러운 내용을 주고받을 때는 다른 사람들이 알아보지 못하게 헬라어로 썼다. 웨슬리는 동생 찰스에게 하나님을 경외하는 신실한 여성들에게 육체의 정욕을 이기지 못할 유혹을 받는다고 털어놓았다. 이성에게 끌리는 감정은 자연스러운 현상이지만, 적어도 웨슬리에게는 당황할 만큼 심각하고 중대한 고민이었다.

웨슬리와 소피아 홉키Sophia Hopkey는 우정이 돈독한 사이였다. 그도 그럴 것이 이미 소피아에게는 약혼자가 있었기 때문이다. 둘은 좋은 신앙 서적을 추천하기도 하고, 저녁에는 산책도 나가고, 직접 작곡한 찬송시도 나누며 함께 즐거운 시간을 보냈다. 그렇지만 얼마 지나지 않아 그 둘의 관계는 다른 사람들의 입방아에 오르내리기 시작했다. 그걸 알면서도 웨슬리는 소피아를 만날 때마다 그녀의 손을 잡고 입을 맞추었다. 웨슬리는 어쩌면 소피아를 향한 자신의 마음을 스스로 모른 체하고 있다는 생각마저 들었다.

소피아와의 관계가 깊어지면서 웨슬리는 생전 처음으로 그녀와 결혼하는 꿈까지 꾸게 되었다. 그러나 그의 마음 한편에는 하나님의 소명을 위해 독신으로 살겠다던 서원이 자리 잡고 있었다. 그는 이대로 마냥 있을 수 없어서 주변의 친구들과 덕망 있는 모라비아교 목사에게 조언을 구했다. 그러나 여러 사람의 엇갈린 의견은 오히려 웨슬리의 마음에 심한 갈등을 일으킬 뿐이었다.

둘의 관계에 적극적인 태도를 보인 것은 소피아였다. 그녀는 파혼을 하고 웨슬리와 사랑의 결실을 맺길 원했지만, 갈등 속에 있는 웨슬리는 미적지근한 반응을 보였다. 웨슬리는 지팡이로 하나님의 뜻을 확인하는 모라비아 교회 교도의 습관에 따라 결정을 내리기로 했다. 지팡이를 땅에 세워 놓고 결혼이 하나님의 뜻이면 자기 쪽으로 쓰러지고 아니면 반대편으로 쓰러지게 해 달라고 기도했다. 그리고 지팡이는 웨슬리의 반대편으로 쓰러졌다. 그 방법이 옳은지, 그른지 웨슬리에게는 일말의 의심조차 없었다. 웨슬리는 즉시 소피아에게 결혼할 의사가 없음을 전달했다.

그리고 얼마 뒤, 소피아는 다른 남자와 함께 웨슬리에게 나타났다. 그리고 웨슬리가 그녀는 자신과 결혼할 생각이 없어 보이니 이 남자의 청혼을 받아들이겠다고 선언했다. 그것은 웨슬리를 어떻게든 붙잡고 싶은 그녀가 주는 마지막 기회였다. 그러나 배신의 충격에 휩싸인 웨슬리가 시간을 지체하는 사이에 소피아는 멀리 떠나 버렸다. 홧김에 신

양심이 없는 남자와 결혼한 소피아는 교회 출석은 물론이고 공중예배와 성찬식에도 거의 참석하지 않았다. 웨슬리는 소피아에게 신앙생활을 소홀히 하는 것을 다그쳤으며, 급기야 그녀가 성만찬에 참여하는 것을 공식적으로 금지시켰다. 그러자 서배너 주민들은 웨슬리를 옛 여자에게 복수나 하는 사람으로 몰았고, 위선자에 바람둥이, 심지어 성찬식에 살인자를 받아 주는 자라는 괴소문까지 떠돌았다. 게다가 소피아의 남편은 웨슬리가 자신의 아내를 곤경에 빠뜨렸다는 이유를 내세워 명예훼손으로 고발했다.

웨슬리는 막다른 골목에서 앞으로 나가지도 못하고 뒤로 돌아서지도 못한 채 헤매었다. 그런 그에게 델라모트는 재판이 끝나기 전, 아무도 보지 않을 때를 골라 조지아를 떠나라고 권유했다. 다음 날 밤, 태풍이 몰아치는 배에서 멀어져가는 조지아를 바라보며 그는 가슴으로 쓰라린 눈물을 흘렸다. 그러면서 그는 하나님이 자신의 모습을 다듬어 가고 계심을 느꼈다.

마음이 뜨거워지는 경험

이렇게 빨리 런던으로 돌아올 줄 몰랐던 웨슬리는 길을 잃
은 아이처럼 방황했다. 조지아로 선교를 떠나면서 세웠던
비전들은 이루지 못했고, 그의 체면은 거의 바닥까지 떨어
진 상태였다. 이 시기 그의 손에는 항상 프랑스 백작 가스
똥-밥티스테-드 랑띠의 전기가 들려 있었다. 웨슬리는 이
책에서 자신이 꿈꿔왔던 이상적인 그리스도인의 모습을
찾았다. 예수님과 제자들의 삶을 실천하기 위해 자기를 포
기하는 삶을 살았던 드 랑띠의 위대함을 통해 성화에 도달
한 그리스도인의 모습을 보았다.

웨슬리와 모라비아 교회의 인연은 조지아 사역 실패 이
후에도 계속되었다. 그는 런던에 거주지를 정할 동안 지
내게 된 제임스 허턴James Hutton의 하숙집에서 피터 뷜러
Peter Bohler 목사를 만나게 되었다. 피터 뷜러 목사는 미국

으로 떠나기 전 몇 주간 런던에서 머물며, 웨슬리와 자주 진지한 대화를 나눴다. 피터 뵐러는 대화를 통해 웨슬리가 영적으로 침체되어 있으며 구원과 믿음에 대한 확신이 꺼져가고 있다는 것을 느꼈다. 조지아에서의 사역 실패는 예상보다 더 크게 웨슬리의 심중에 박혀 그를 괴롭게 했다. 뵐러는 웨슬리보다 9살이나 어렸지만, 하나님에 대한 절대적인 신뢰와 확신이 있었다. 그리스도의 은혜로 우리의 죄를 용서받을 수 있다는 사실을 믿으며, 하나님의 은혜만으로 만족하는 삶이 되기를 권면했다. 또 웨슬리에게 그동안 가지고 있던 철학과 사상들을 모두 버리고, 비워 낸 자리에는 주의 복음을 채워 넣어야 한다고 충고했다.

웨슬리는 뵐러와 이야기를 나누고 돌아오는 날이면 홀로 생각에 잠기는 시간이 길어졌다. 그러던 중에 자신의 설교는 의미 없는 이야기일 뿐이라는 자괴감이 들었다. 그는 곧, 설교에 대한 이 생각을 뵐러와 나눴다. 뵐러는 웨슬리에게 설교를 계속하면서 믿음을 구하고, 믿음이 구해지면 그 믿음을 설교하라고 격려했다. 뵐러의 말을 듣고 웨슬리는 믿음을 간구하는 기도이자 고백으로 설교를 이어나갈 이유가 생기게 되었다.

믿음의 확신과 의심 사이의 위태로운 줄타기는 계속되고 있었다. 웨슬리를 이해시키기 위해 뷜러는 그의 곁에서 온갖 노력을 다했다. 성경에 나와 있는 순간적인 회심의 사건을 함께 살펴보기도 하고, 은혜를 체험한 증인 몇 명을 데려다가 간증을 들려주었다. 그 내용은 하나님이 한순간에 구원에 이르는 믿음을 주시며 그 순간 어둠에서 빛으로, 죄와 두려움에서 성결과 행복으로 옮겨진다는 선포였다.

웨슬리에게 뷜러의 이야기는 이전에 들어보지 못한 전혀 새로운 복음이 아니었다. 웨슬리는 이전부터 그것들을 추구했고, 신앙의 진정한 열매라고 생각했다. 그러나 뷜러를 만난 이후로 그의 도움을 받아 비로소 진정한 참회의 눈물을 흘릴 줄 알게 되었다. 뷜러는 웨슬리에게서 쓰러지고 낙심한 죄인이 엎드려 울부짖는 모습을 볼 수 있었다. 그리고 웨슬리는 지금까지 십자가의 은혜와 하나님의 의를 붙들지 않고, 자신의 지혜와 의를 붙들었던 모습을 버리기로 작정했다.

웨슬리는 동생 찰스가 늑막염으로 고생한다는 소식을 듣고, 걱정스러운 마음을 감출 수 없었다. 그렇지만 다행히도 찰스는 이 시간들을 기도와 성경 묵상으로 무사히 버텨내고 있었다. 찰스는 기도를 하다가 눈물을 흘리는 날이 많았는데, 육적인 연약함은 영적인 힘도 약하게 만들었다. 그때 찰스는 항상 기쁨과 감사의 찬송이 끊이지 않는 집주인을 보면서 느끼는 바가 많았다. 찰스의 집주인은 많이 배우지도 못했고, 가난하며 막노동꾼이었지만 오직 그리스도만을 알고 마음의 평화가 넘치는 사람이었다. 찰스는 집주인과 정반대로 풍요한 삶을 누렸지만 그러한 마음의 평화를 느끼지 못했다. 그리고 얼마 뒤, 찰스는 회심을 경험하게 되었다.

아슴푸레한 새벽녘에 눈이 떠져서 시계를 확인해 보니 5시를 가리키고 있었다. 웨슬리가 의지하던 피터 뵐러가 잠시 미국으로 떠난 뒤, 그는 조지아에서의 어둡고 슬픈 기억으로 우울한 날들을 보냈다. 잠에서 깨자마자 그는 침대

옆 앉은뱅이 탁자에 놓아둔 성경을 펴서 한 구절을 찾아 천천히 읽었다.

"이로써 그 보배롭고 지극히 큰 약속을 우리에게 주사 이 약속으로 말미암아 너희로 정욕 때문에 세상에서 썩어질 것을 피하여 신성한 성품에 참여하는 자가 되게 하려 하셨느니라"(벧전 1:4)

3일 전 회심을 체험했다는 동생 찰스의 소식은 웨슬리의 머릿속을 떠나지 않았다. 그러면서 여태까지 해왔던 선행과 의의 기도로는 자신의 죄가 용서되기에 한없이 부족하다고 여겼다. 하지만 믿음만 있으면 구원받을 수 있다는 '구원의 은혜'를 계속해서 갈망했다. 영혼의 고뇌 속에서 울적한 마음으로 집을 나서는데, 어떤 이끌림에 다시 한 번 성경을 펼쳐 들었다.

"네가 하나님 나라에서 멀지 않도다"(막 12:34)

세인트 폴 교회에 가서 예배를 드리고 나오니 벌써 밖은 어두워져 있었다. 그는 별로 내키지 않았지만 올더스게이트 거리Aldersgate Street로 발걸음을 옮기기 시작했다. 그곳에는 기도와 성경 연구를 목적으로 하는 모라비아 교회 교도의 작은 모임이 있었다.

갈팡질팡하다가 모임에 늦은 웨슬리는 고개를 숙이고 조용히 들어가 맨 뒷자리에 앉았다. 앞에서는 어떤 사람이 나와 무언가를 열심히 떠들어대고 있었다. 자세히 들어보니 그것은 《루터의 로마서 주석》 서문이었는데, 신기하게도 그의 귓가에 쟁쟁하게 울렸다.

"믿음은 우리 안에 계신 하나님의 역사이다. 하나님의 역사는 우리를 변화시키고, 우리는 새롭게 태어난다. 옛 아담을 죽게 하고 우리의 마음과 성품과 정신이 변화됨과 동시에 성령으로 힘을 얻는다. 아! 신앙은 생동적이며 창조적이며 활동적이며 강력하다. 그러므로 끊임없이 선한 일을 하게 만든다. 선한 일과 그렇지 않은 일에 갈등할 필요도 없이, 이미 선한 일을 행하게 된다.”

귓가를 울리던 루터의 〈로마서〉 주석은 어느 샌가 웨슬리의 마음속에 격한 반응을 일으켰다. 지금껏 경험하지 못했던 말로 표현할 수 없는 따뜻함이 그를 감싸고 지나갔다. 그러고는 누가 시키지도 않았는데 벌떡 일어나 앞으로 나가 자세하게 간증하기 시작했다. 웨슬리의 간증을 듣고 있던 사람들도 그의 체험을 함께 느끼며 축복을 아끼지 않았다. 그날 밤, 웨슬리는 꽤 늦은 시간이었지만 간증을 멈추지 않고 찰스에게도 찾아가 들려줬다. 찰스 역시 함께 기뻐하며 형 웨슬리가 간절히 바라는 회심의 체험이 있기를 늘 기도했다고 고백했다.

웨슬리는 역사적인 회심의 사건을 체험하고 그것을 정성 들여 일기에 옮겨 적었다. 그에게 온몸으로 느껴지는 전율은 없었지만, 가슴이 뜨거워짐을 경험했다. 그리고 아무리 노력해도 깨닫지 못했던 예수 그리스도의 구원과 확신 그리고 자유를 얻게 되었다. 웨슬리는 일기를 적으면서도 그 놀라운 사랑에 둘러싸여 있었다. '죄 많은 나를 위해 십자가에 달려 돌아가신 구원의 은혜'는 그의 영혼에 온기를 불어넣었다. 웨슬리가 회심을 체험하고 일기로 남긴 그날은 1738년 5월 24일이었다.

진짜 그리스도인

제임스 허턴과 그의 부인 그리고 웨슬리는 하숙집 1층 거실에 모여 앉았다. 그런데 어딘지 모르게 그들의 표정은 차갑고 무거웠으며, 심각한 분위기마저 흐르고 있었다. 얼마 전까지만 해도 이들은 서로에게 따뜻하고 친절한, 그야말로 가족과 같은 사이였으나 웨슬리가 회심한 이후에 관계의 위기가 찾아왔다.

웨슬리는 바로 어제, 허턴의 집에서 열린 기도회에 참석한 사람들에게 자신이 5일 전까지는 그리스도인이 아니었다고 선포했다. 그러니까 '회심 체험 이전의 자신은 그리스도인이 아니다.'라는 말이었다. 이 일에 대해 허턴 부부는 웨슬리를 앉혀 놓고 따지기 시작했다. 몸소 경건함을 실천하고 학문에도 총명했던 사람이 어쩌다가 열광주의자로 변했는지 이해할 수 없다는 것이 요점이었다. 허튼 부인은 그녀의 두 아들마저 웨슬리의 영향을 받아 유혹에 빠져들고 있으니 더 이상 지켜볼 수 없다고 하면서 웨슬리의 큰형인 사무엘에게 알리겠다고 말했다.

그로부터 얼마 후, 웨슬리는 큰형 사무엘로부터 편지 한 통을 받게 되었다. 영국 국교회의 성직자로서 철저한 전통을 따르는 큰형의 입장에서도 웨슬리의 행동은 이해되지 않았다. 사무엘은 두 동생이 회심을 체험했다는 소식에 기뻤지만, 허튼 부인이 보내 온 뜻밖의 소식에 당황한 기색을 감출 수 없었다. 사무엘은 웨슬리에게 회심 이전에는 그리스도인이 아니었다는 말의 뜻을 이해할 수 없으며, '인간의 선행善行을 거치지 않아도 믿음만으로 구원을 얻을 수 있다.'는 괴상한 생각을 버리라고 엄하게 꾸짖었다.

웨슬리는 자신을 걱정하는 큰형의 충고를 받아들이지 못하고, 즉시 펜을 들어 반박하는 편지를 써내려갔다. 그는 먼저 그리스도인을 '죄를 용서받고 죄에서 자유로운 생활을 하는 사람'과, '마음속에 성령님을 모시고 성령님 안에서 하나님의 사랑으로 평안을 누리는 사람'이라고 정의했다. 그리고 진정한 그리스도인이 되지 않은 상태에서 선행을 베푸는 것은 모두 소용없다고 강조했다. 그는 진짜 그리스도인이 된 것을 자신 있고 명확하게 설명하고 있었다.

사무엘은 동생의 편지를 받고 보니 허턴 부인이 왜 그렇게 강한 경고의 어조로 편지를 띄웠는지 이해할 수 있었다. 그는 기고만장한 동생의 답장을 받고 보니 마음이 더욱 답답하고 조급해져서 평소와는 다르게 조금 험한 말을 섞어 국교회의 가르침을 따르라고 질책했다. 이 형제들의 논쟁은 끈질기게 이어졌으나 오래가지는 못했다. 큰형 사무엘이 49세의 나이로 갑자기 세상을 뜨게 된 것이다.

올더스게이트에서 체험하고 발견한 '마음의 신앙'은 그의 지난날 아픔에 종지부를 찍는 해답이 되었다. 그는 하나님의 전적인 은총으로 의롭다 여김을 받으며, 하나님의 도우심으로 성화의 삶을 살 수 있다는 진리를 깨달았다. 그리고 매 순간 성령님의 능력을 의지하며 끊임없는 기도와 순종으로 사랑을 실천하는 성자의 삶을 살도록 길을 밝혀 주리라 굳게 믿었다.

몸소 체험한 모라비아 교회

웨슬리는 그와 친한 몇 사람을 데리고 모라비아 교회의 본 거지인 독일의 헤른후트Hernhut로 떠났다. 회심을 체험한 후 그는 모라비아 교회와 교도에 대해서 더욱 알고 싶었다. 예상대로 독일의 헤른후트로 가는 일은 만만치 않았다. 그러나 어린 나이에 고향인 엡워스를 떠나 대도시 런던에서 유학생활을 했고, 조지아로 향하는 험난한 배 위에서도 열정이 식지 않았던 웨슬리였다. 그에게는 주의 일을 위해서라면 불가능한 것이 없었다.

웨슬리는 독일에 도착해서 20일 만에 피터 뵐러의 아버지 존 뵐러를 통해 진젠도르프 백작Count Zinzendorf을 만날 수 있었다. 웨슬리는 독일로 떠나기 전, 꼭 만나야 할 사람이나 해야 할 일을 노트로 정리해뒀는데, 목록 1순위에 바로 진젠도르프와의 만남이 있었다. 그러나 그는 가톨릭교도의 습격을 피해 피난 생활을 하고 있어서 그와의 만남에 큰 기대를 걸지 않았다. 이렇게 어려운 상황 가운데 웨슬리의 간절한 바람이 통했는지 진젠도르프와 만날 기회를 갖게 되었다. 그는 뻣뻣한 린넨linen으로 만든 소박한 옷을 입고 있었고, 무엇에든지 절제된 생활을 하고 있었다. 웨슬리 자신이 상상했던 모습보다는 훨씬 더 검소한 생활을 하고 있어 내심 놀랐지만 그에게서 신앙과 삶의 일치를 배웠다.

본격적으로 웨슬리는 진젠도르프와 그의 형제들의 생활 속으로 들어갔다. 그리고 그들의 검소한 생활에 자신의 몸을 맞춰가면서 그 속에 깊이 녹아들었다. 웨슬리는 진젠도르프에게 밤이 늦도록 품어 왔던 질문들을 쏟아내기도 했다. 이런 시간들을 통해 그는 그동안 교제했던 모라비아 교회 교도와는 확실히 다른 새로운 관점에서 '구원의 확신'을 생각해 볼 수 있었다.

그로부터 한 달 뒤, 웨슬리 일행은 드디어 헤른후트에 입성했다. 웨슬리의 눈에 들어온 그곳은 수풀에 둘러싸여 있고, 밭과 정원이 넓게 펼쳐져 있었다. 모라비아 교회 교도가 모인 헤른후트 형제단Herrnhut Brethen은 공동체 생활로 초대 교회의 모습을 재현하며, 5~7명이 하나의 그룹으로 구성되어 질서가 있었다. 그리고 전체가 한자리에 모이는 집회 외에는 기혼자 동아리, 독신 남성 또는 여성 동아리, 미망인 동아리 등이 반드시 따로 모임을 갖게 했다. 이들은 제비를 뽑거나 성경을 무작위로 펴서 읽는 것으로 하나님의 뜻을 알고자 했다. 웨슬리도 역시 조지아에서 사역할 때, 그리고 회심의 사건이 있던 날 아침에 이런 방법을 통해서 하나님의 음성을 구했었다. 헤른후트 형제단의 모임과 훈련의 성격은 개인의 삶과 공동체의 삶이 분리될 수 없을 만큼 긴밀하게 연결되어 있었다. 웨슬리는 두 주간 헤른후트 형제단에서 생활을 하며 마음이 뜨거워지는 주님의 사랑으로 서로를 섬기고, 따뜻한 교제가 넘치는 그곳의 삶을 몸으로 익혔다.

웨슬리는 형제단에서 생활하면서 몇몇 사람과 긴밀한 교제를 나눴다. 그 중에 한 사람이 크리스천 데이비드 Christian David였는데, 어느 날 그에게 웨슬리는 회심 후에도 여전히 살아 있는 죄와 욕망에 대한 고민을 털어놓게 되었다. 데이비드는 사람이 의롭다 함을 입은 후에도 죄의 세력은 계속 살아 있어서 삶을 유혹하고 괴롭힐 수 있지만, 한 가지 분명한 사실은 칭의를 얻은 자는 죄의 지배를 받지 못한다는 것이라고 말했다. 웨슬리는 여태까지 자신이 치열하게 고민했던 문제에 대한 갈증이 풀린 듯 한결 시원해졌다.

그렇게 약 두 달간의 일정을 마칠 때 쯤, 웨슬리 일행은 헤른후트를 떠나 영국으로 향했다. 그들은 돌아오는 길에 할레Halle를 방문해 할레 고아원의 아버지 프랑케Agust Hernmann Franke를 만났다. 웨슬리는 조지아에서 프랑케의 책《니고데모Nicodmus》를 읽은 적이 있었다. 이 책은 세상에 속한 생각들을 끊고 초대 교회의 생활을 동경하는 내용으로 웨슬리를 감동시켰고, 그래서 그에게 프랑케는 존경하는 인물 중 하나였다. 그는 프랑케가 운영하는 할레 대학 공동체도 방문했는데, 규칙적인 습관을 중요시하는 교육 방침을 답습하여 훗날 자신이 세우고 싶은 학교의 모습을 그려 보기도 했다.

웨슬리는 영국으로 돌아오는 배 안에서 비가 온 뒤 덜 마른 땅과 같았던 내면이 조금씩 다져지고 있음을 느꼈다. 그리고 독일에서 지낸 석 달간 편안하고 여유 있는 생활은 하지 못했지만, 그동안 살아왔던 날들 중에 가장 특별한 경험이 되리라 확신했다. 점점 가까워지는 영국을 바라보며 그는 다시 차오르는 벅찬 기대감으로 하나님에게 감사의 기도를 올렸다.

4장

감리교 부흥과 발전 이야기

~

'페터레인 신도회'에서 '감리교 신도회'로

~

웨슬리가 회심을 체험한 그달 1일에 런던에서는 페터레인
Fetterlane신도회가 조직되었다. 어떤 회원의 집에서 처음
열린 신도회는 영국 국교회, 그러니까 성공회에 속한 모임
이었다. 그러나 그것과 관계없이 누구든지 간단한 면접과
훈련 기간을 거치면 정회원이 될 수 있었다. 그래서 모라비
아 교회의 피터 뵐러도 웨슬리를 도와 신도회가 정착하는
데 큰힘을 주었다.

웨슬리는 이 모임에 애정이 깊었는데, 회심을 체험하고
복음적인 신앙을 갖게 된 후 새로운 목회의 발판이 되었기
때문이다. 모임에 참여한 사람들은 교제를 통해 건강하게
성장해 나갔고, 더불어 모임에 참여하는 사람의 수도 꾸준
히 늘어갔다. 웨슬리는 기도에 심취하여 밤을 하얗게 지새
우기도 하고, 그곳에 나타난 성령의 강한 역사를 보면서 옥

스퍼드의 이성과 지성을 내려놓게 되었다. 또한 웨슬리는 이 모임 안에서 기독교 공동체의 이상적인 모습을 보았고 그것을 자랑스럽게 여겼다.

페터레인의 모임이 어느 정도 자리를 잡게 되자, 웨슬리는 모라비아 교회 교도를 만나러 나가거나 브리스틀에서 야외 설교를 하러 가서 자리를 비우는 날이 잦아졌다. 그리고 브리스틀 지역의 신도회를 책임지게 되어 당분간은 그쪽에 신경을 집중해야 했다. 사역을 위해 자리를 비우는 것이지만 페터레인을 생각하면 웨슬리의 마음은 편치 않았다. 물론 동생 찰스가 형의 염려를 알고 든든한 지원군의 역할을 했지만 빈 곳을 노리는 틈새가 있었다. 설교 일정을 마치고 런던으로 귀환했을 때, 그의 염려대로 신도회에 위기가 찾아왔음을 직감했다.

웨슬리가 없는 사이 필립 헨리 몰더Phillip Henry Molther가 퍼뜨린 정적주의quietism는 사람들을 혼란에 빠뜨렸다. 정적주의는 프랑스에서 생긴 일종의 신비주의로 성경이 추구하는 올바른 신앙의 길에서 빗겨난 이단이었다. 정적주의가 말하는 믿음에 이르는 길은 아무 행위도 취하지 않고 예수 그리스도만을 가만히 기다리는 것이었다. 또 예배와 금식, 개인 기도, 성찬식과 같은 은혜의 수단에 참여하거나 선행을 베푸는 것은 아무 소용이 없다고 강조했다.

몰더는 위와 같은 주장들로 페터레인 신도회 사람들을 선동해 구원의 확신을 얻을 때까지 조용히 앉아 기다려야 한다고 가르쳤다. 그동안 매주 한 번 모여서 서로의 죄를 고백하고 상한 영혼을 치료하며 기도로 연합했던 모습과 는 전혀 달랐다. 그러니까 구원에 이르는 믿음과 확신으로 성령의 증거를 체험하는 생동감과는 반대된 것이었다. 그 래서 호기심에 가득 찬 사람들은 정적주의에 미혹되었다.

웨슬리는 몰더와 그의 정적주의를 따르는 사람들을 향해 반박했다. 그리고 잘못된 길로 가는 사람들은 어찌할 도 리가 없으니 그저 하나님에게 맡기기로 했다는 것이다. 결 국 그들 중 몇몇이 웨슬리에게 돌아서면서 아홉 달 동안의 끈질긴 논쟁은 일단락되었다. 그리고 이제는 여기까지라 는 생각으로 2년 여간 함께했던 페터레인 신도회와 과감히 결별을 고했다.

　런던에서 일어난 모든 일을 전해 들은 진젠도르프는 마음이 급해졌다. 그는 영국에 모라비아 교회를 뿌리내리는 데 페터레인 신도회가 큰몫을 감당하기를 기대했었다. 이대로 있을 수만은 없다고 생각한 진젠도르프는 웨슬리를 만나기 위해 급히 런던으로 떠날 채비를 했다. 그리고 그는 웨슬리를 만나 장시간에 걸쳐 이야기를 나눴지만, 이미 서로의 갈 길은 반대로 향하고 있다는 것을 확인하고 말았다. 웨슬리는 정통 신앙을 지키기 위해서는 이단에 깊이 물들어 버린 자들과 헤어져야 한다며 단호한 태도를 보였다. 결국, 페터레인 신도회는 웨슬리를 따르는 감리교도와 정적주의를 고집하는 모라비아 교회 교도로 나뉘게 되었다. 웨슬리와 그의 추종자들은 파운드리Foundry에서 감리교 신도회Methodist Society라는 모임을 만들었다. 이 모임은 영국 국교회나 모라비아 교회에 매이지 않는 순수한 감리교 신도회를 지향했다. 이렇게 해서 웨슬리는 젊은 날에 큰 영향을 주었던 모라비아 교회와 영원한 이별을 하게 되었다.

군중 앞에 선 웨슬리

빈민가의 여관집 아들로 태어나서 옥스퍼드 대학에 들어
간 사람, 영특하고 활력이 넘치며 서글서글한 성격에 야심
이 큰 청년. 웨슬리는 조지 휘트필드를 생각하면 이런 것들
이 떠올랐다. 휘트필드는 옥스퍼드 신성 클럽의 주요 멤버
로 웨슬리와 막역한 사이였다. 그는 웨슬리보다 한참 어렸
지만 이른 나이에 회심을 체험하고 야외 설교가로 확실한
입지를 굳힌 사람이었다. 그리고 감리교 부흥 운동을 위해
아낌없이 열정을 쏟아붓는 일꾼이었다.

휘트필드는 웨슬리가 조지아 주로 함께 선교 사역을 나
가자고 제안했을 때 흔쾌히 승낙한 지원군이었다. 그러다
가 휘트필트는 먼저 조지아에서 사역을 마치고 영국으로
귀국하여 킹스우드의 광부들을 대상으로 첫 야외 설교를
하게 되었다. 당시 야외에서 2만 명이 넘는 대중을 상대로

설교하는 일은 쉽지 않았지만, 모든 사람이 분명히 알아들을 수 있을 만큼 그의 목소리는 힘이 넘쳤다. 이렇게 휘트필드의 설교가 알려지자 여러 지역에서 설교 요청이 들어왔다. 그러나 그는 아메리카의 고아들을 위한 사역에 원대한 뜻이 있었고, 휘트필드와 브리스틀, 킹스우드 사역을 맡아 줄 사람을 찾고 있었다. 그때 마침 휘트필드의 머릿속에 웨슬리가 떠올랐다.

급기야 휘트필드는 웨슬리와의 정확한 약속이 떨어지기도 전에 신문에 광고를 내서 사람들에게 야외 집회를 알렸다. 그리고 광고를 본 사람들이 웨슬리를 간절히 기다리고 있음을 호소했다. 성급히 신문에 광고까지 냈다는 휘트필드의 편지는 웨슬리로 하여금 어떤 상황인지 짐작할 수 있게 했다. 그래서 웨슬리는 휘트필드의 제안과 요청을 충분히 이해했지만 망설이고 있었다. 영국 국교회에서는 웨슬리가 모라비아 교회 교도의 영향을 받은 설교자라는 이유로 교회 강단에서 쫓아냈고 어느 누구도 그를 설교자로 찾지 않았기 때문이다. 그렇기 때문에 웨슬리에게 교회를 벗어나 벌떼같이 몰려든 사람들을 대상으로 집회를 여는 일은 파격적인 시도였다. 또한 그의 마음속에는 이것이 과연 하나님이 원하시는 전도의 방법인지에 대한 확신이 없었고, 군중을 이끌 만한 체력적인 뒷받침이 되지 않아서 걱정이었다.

웨슬리는 휘트필드의 요청을 받고 기도와 말씀으로 결정을 내리기로 했다. 모라비아 교회의 울타리에서도 벗어나고, 영국 국교회로부터는 배척을 당했으니 그의 소속은 모호한 상태였다. 그래서 휘트필드의 제안을 받은 것은 설교할 수 있는 기회가 찾아온 것이나 다름없었다. 결정을 위해 시간을 갖는 동안 웨슬리는 이런 자신을 안타깝게 여기신 하나님이 복음을 전하는 사역의 길을 열어 주신다는 마음을 품게 되었다.

더 이상 강단에 설 수 없게 된 그는 가끔 런던과 옥스퍼드에서 요청이 올 때마다 설교를 한 적이 있었다. 철저하게 성경을 근거로 정리된 그의 메시지는 좋은 반응으로 돌아왔고, 훌륭한 설교가라는 정평이 나 있었다. 게다가 성령의 능력으로 그가 기도를 하면 사람들은 악의 고통에서 해방되는 기적을 경험했다. 젊은 나이에 정신병에 걸렸다가 치유를 받은 청년과 우울증으로 삶의 벼랑 끝에서 새 삶을 얻은 중년의 여성과 감리교도들을 저주하고 핍박하다가 회개하고 자복한 사람 등이 그 증인이었다. 웨슬리는 성령의 인도로 자신이 강하게 붙들려 있다는 것을 되새겼다. 그리고 하나님이 주신 능력과 은사로 야외 설교를 맡기로 결정을 내렸다.

첫 설교를 위해 브리스틀로 향하는 그는 여전히 불안한 마음이 반이었지만, 기대감을 감출 수는 없었다. 웨슬리는 휘트필드가 야외에서 설교하는 모습을 지켜보면서 조금씩 용기를 냈고, 이 길이 그에게 명하신 주님의 뜻이란 확신이 들었다. 이렇게 시작된 웨슬리의 야외 집회는 그의 인생 스케줄을 완전히 바꿔 놓는 중요한 계기가 되었다. 그의 설교는 브리스틀을 중심으로 인근 마을까지 확산되더니, 웨슬리가 가는 곳마다 군중이 몰려 곤욕을 치르기도 했다. 이렇게 웨슬리는 최선을 다해 부흥의 불씨를 지펴갔다.

세계를 교구로 삼아

웨슬리가 인도하는 집회에는 당대 유명한 설교자들과 유난히 다른 점이 한 가지 있었다. 그것은 바로 집회 중에 초자연적인 현상을 자주 목격한다는 것이었다. 그의 설교가 선포되면 집회 가운데 몸을 부르르 떨면서 넘어지거나, 방언으로 기도를 하고, 환상을 보고, 예언을 하며, 귀신들린 자의 몸에서 귀신이 나가는 등 신비한 현상이 많이 일어났다. 이렇게 성령의 능력을 체험하고 병자들이 낫는 역사가 일어나자 그의 집회는 인산인해를 이뤘다.

하지만 한편으로는 이런 현상들 때문에 웨슬리와 그의 추종자들은 열광주의자enthusiasts라는 비난을 받아야만 했다. 때로 웨슬리를 반대하는 폭도들이 나타나 손에 잡히는 것들을 닥치는 대로 던지며 방해하기도 했다. 또한 설교 중에 큰 소리로 떠들면서 많은 사람이 회심과 기적의 체험을 하지 못하도록 핍박을 멈추지 않았다.

그러나 웨슬리는 뒷전으로 밀려날 수도 없었고, 설교하는 일을 절대 멈출 수 없었다. 영국 사회와 국교회에게 버림받은 가난한 계층의 사람들은 그에 대한 반항으로 악하고 게으르며 거칠고 난폭했다. 매일 술에 찌들어 있었고 힘든 노동을 하기 싫으면 남의 것을 빼앗아서 살았다. 한마디로 누가 봐도 가망 없고 포기한 인생들이었다. 웨슬리는 그들을 두고 볼 수 없었다. 그는 경건의 모양뿐만 아니라 잃어버린 영혼을 구원하고 고통 대신 평안을 주는 사랑의 실천이 따라야 참된 기독교라고 생각했다.

그래서 웨슬리는 더욱 길거리로 나갔고 그것이 완전한 성화에 이르는 길이라 믿었다. 교회 안에서 사람들이 오기만을 기다리지 않고 교회 문을 박차고 나가 거리의 죄인들을 찾아 나섰다. 그러고는 시장터, 공원, 마을과 공장의 빈터 등 장소를 불문하고 설교를 했다. 고향 엡워스에 방문했을 때는 엡워스 교회의 목사가 그에게 교회 문을 열어 주지 않자 교회 정문 앞에 있는 아버지의 묘지 위에서 설교를 하기도 했다. 그는 성공회 목사가 아니라 '잃어버린 영혼을 찾아다니는 사람'이었으며 그것이 그의 직업이자 의무였다. 그리고 이것이 바로 웨슬리가 야외 설교에 목숨을 건 이유였다.

그의 설교는 누구나 이해할 수 있을 정도로 쉽고 논리가 분명해서 설교를 듣는 사람들은 모두 큰 은혜를 경험했다. 웨슬리의 메시지 핵심은 '믿음으로 의롭다 여김'을 얻어, '하나님의 자녀가 되어 새로운 생명으로 탄생'하고, '마음과 생활의 성결'을 이뤄 가는데 있었다. 웨슬리는 '모든 사람에게 값없이 주시는 은혜free grace for all'를 강조하면서 당시 영국 사회에서 차별로 인해 고통 받던 가난한 이들에게 평등한 하나님의 사랑을 전했다.

웨슬리는 여러 지역을 순회하며 자유롭게 야외 집회를 했지만, 옥스퍼드 대학의 펠로우였고 영국 국교회에 몸담았던 성직자였다. 그래서 당연히 영국 국교회로부터 강한 비판을 받을 수밖에 없었다. 영국 국교회의 교구 담당자들은 자신들의 교구를 침범해 야외 설교를 하는 웨슬리를 곱지 않은 시선으로 쳐다봤다. 그리고 웨슬리는 영국 국교회와 성직자들의 품위와 명예를 훼손하고 전통을 파괴한 자라고 손가락질받았다. 웨슬리도 이런 사실을 외면하려는 것은 아니었다. 많은 사람에게 복음 전도를 하고 있지만, 근본적으로 자신은 영국 성공회에 속했다고 생각했다. 그래도 손가락질을 받는 것이 사역을 내려놓을 만큼의 위기로 여기지는 않았다.

그날도 몇 차례의 야외 설교를 마치고 고단한 몸으로 돌아온 웨슬리는 옥스퍼드 링컨 대학의 제자이며 신성 클럽의 회원이었던 제임스 허비James Hervey에게 보낼 답장을 써내려갔다. 허비는 야외 집회를 당장 중단하고 옥스퍼드 대학으로 돌아가 교수로 활동하든지 아니면 어느 교구의 사제가 되어 안정된 목회를 하라는 편지를 보냈다. 웨슬리는 낮은 곳에 처한 사람들에게 다가가 회개하도록 하고 구원시키는 사역이 성경의 원칙이라고 주장했다. 그러면서 자신은 영국 국교회의 규칙보다 더 높게 여기는 성경의 원칙에 복종하며 온 세계가 자신이 책임질 하나의 교구라고 말했다.

　감리교 역사상 가장 유명한 말인 "세계는 나의 교구"라는 말은 바로 이렇게 탄생했다. 웨슬리는 마흔두 번의 아일랜드 설교 여행과 스물두 번의 스코틀랜드 설교 여행으로 쉼 없이 움직였다. 그리고 매년 평균 8백 번의 설교로 총 4만 번의 설교를 했으며, 지구를 일곱 바퀴 반을 돌 수 있는 거리를 순례하며 복음을 전했다. 그리고 그는 52년간 말을 타고 다니는 노방 전도자로서의 삶을 선택했다.

감리교의 부흥을 위해서라면

애초에 야외 설교의 길을 열어 줬던 조지 휘트필드는 웨슬리의 성령 사역을 이해하지 못했다. 웨슬리는 휘트필드에게 자신의 집회에 와서 성령의 역사를 함께 목격할 것을 권유했다. 얼마 후 집회에 참석한 휘트필드는 몸을 떨며 불같이 기도하는 그들의 모습이 진정한 신앙의 표현 중 하나라고 받아들이게 되었다. 그렇지만 항상 경계하는 태도를 가지고 웨슬리를 지켜보고 있었다.

웨슬리는 감리교 부흥운동을 위해 겪어야 했던 그 어떤 수모도 견딜 만했다. 그러나 그를 위기에 빠지게 한 진짜 원인은 막강한 권력을 가진 세력이었다. 영국 국교회는 웨슬리를 저지하기 위해 폭도들을 일으켰고, 폭도들로 인해 생명에 지장을 입는 위기를 여러 번 겪어야 했다. 이뿐만이 아니라 국교회 성직자들은 지방 행정관들과 상류층 사람들까지 동원해 감리교도들을 미치광이로 대하고 번번이 집회를 방해했다. 이들은 감리교도들이 모여서 설교를 들을 수 있는 공간은 물론이고 야외의 공공장소에서도 모이지 못하게 손 쓰는 데까지 영향을 미쳤다. 그리고 신문에 기사를 크게 내 감리교도들은 위험한 인물이며 웨슬리의 설교를 듣지 말고 따르지도 말라고 공개적으로 비판했다.

당시 귀족과 상류층에 대한 반감과 증오심으로 가득 찬 폭도들은 총과 칼, 몽둥이 같은 것들을 들고 다니며 사람들을 위협하고 재산을 빼앗기 위해 돌아다녔기 때문에 이들의 표적이 되는 것은 위험했다. 이런 그들에게 웨슬리의 설교는 귀엣가시밖에 되지 않았다. 강도, 음주, 흡연, 마약 투여와 같은 방탕한 생활을 죄라고 지적하면서 회개하라는 웨슬리의 설교에 이들은 술도 마음대로 먹지 못하게 하고 죄도 마음대로 짓지 못하게 간섭한다며 극도로 흥분했다.

한번은 웨슬리가 웬즈베리Wednesbury에서 설교 도중 폭도들로부터 돌 세례를 받고 쓰러진 일도 있었다. 그 당시 웨슬리에게는 조지아로 향하던 배 안에서 느꼈던 죽음의 공포가 또다시 재현되고 있었다. 그는 극도로 찾아든 공포 때문에 이럴 바에야 차라리 깊은 강에 던져 지는 게 낫겠다 싶었다. 그리고 웨슬리는 자신이 받는 핍박과 고난은 그래도 참을 수 있었지만, 웬즈베리의 메서디스트들이 가혹한 핍박 속에 있다는 소식을 들을 때는 가슴이 미어졌다. 메서디스트들은 집 안과 밖에서 그리고 거리에서, 장소를 가리지 않고 공격을 당했다. 폭도들은 집 안에 침입해 어린아이와 노약자가 있어도 아랑곳하지 않고 창문을 깨고, 가구를 부수며 위협했다. 심지어 한밤중에 침실까지 들어와 여자와 어린아이들을 끌고 갔으며, 임신 중인 어떤 부인은 여자 폭도들의 무차별한 폭력에 아이를 유산하기까지 했다.

웨슬리의 사역은 전반적으로 어려움 가운데 있었지만, 세상에서 그를 가장 지지하는 어머니가 있기에 견뎌낼 수 있었다. 그의 어머니는 남편이 떠난 후 마지막 여생을 웨슬리와 함께 보냈다. 그러면서 웨슬리와 찰스의 사역을 격려하고 기도와 조언을 아끼지 않으며 정신적으로 큰 힘이 되어 줬다. 생전에 큰형 사무엘은 웨슬리와 찰스가 천박한 열광주의에 빠졌고, 그들의 집회에서 나타나는 신비스러운 현상이나 기적은 마귀의 장난이라고 생각했다. 처음에는 어머니 수산나도 사무엘과 같은 생각으로 비판적인 입장에 서 있었지만, 두 아들과 깊은 대화를 통해 생각을 바꾸게 되었다. 그리고 생을 마감하기까지 두 아들의 감리교 부흥 운동을 위해 기도로 지원했다.

웨슬리는 감리교 부흥운동의 발전을 위해 평신도 지도자를 세우고 전도를 하도록 기회를 주었다. 특히 남성과 여성의 차별을 두지 않아서 하나님 앞에서 평등한 공동체를 지향했다. 웨슬리는 평신도를 앞세워 부흥운동의 주축으로 삼는 것이 옳은 일인지 오랜 시간 동안 고민했다. 하지만 그의 든든한 지원군인 어머니의 격려로 평신도 지도자를 세워 빠른 시간 안에 감리교가 성장할 수 있는 기반을 만들었다. 웨슬리의 이런 시도에 영국 국교회는 거부감을 느끼고 비난을 가했다. 하루는 영국 국교회의 감독이 찰스 웨슬리에게 평신도들은 무식한 사람들이 아니냐며 비아냥거렸다. 그러자 찰스는 영혼을 사랑하는 그들의 사명은 절대 무식하지 않다고 되받아쳤다.

웨슬리는 감리교 평신도 설교자들에게 선으로 악을 이겨야 한다고 가르쳤다. 한마디로 어떤 경우라도 폭도와 적대자들에게 받은 대로 똑같이 되갚지 말도록 당부한 것이다. 웨슬리는 몸소 폭도들을 어떻게 대해야 하는지 실천해 보였는데, 어떤 곤란한 상황에 있더라도 화를 내거나 당황하거나 두려워 떨지 않았다. 담대하면서도 겸손했고 예수님의 따뜻한 사랑으로 그들에게 반응했다. 돌멩이와 몽둥이로 맞아 온 몸에 피멍이 드는 순간에도 영혼을 향한 애틋한 마음은 변치 않았다.

그리고 삶의 어려움 가운데서 하나님의 복이 임하기를 간구했다. 그러자 감동을 받은 폭도들은 잠잠해졌고 점점 믿기지 않는 일들이 일어났다. 웨슬리를 죽이러 왔던 어떤 폭도는 설교를 듣고서 그 자리에서 회개하고 충실한 감리교도가 되어 웨슬리에게 가해지는 핍박과 비난에 자신의 몸을 던져 막아냈다. 폭도들을 사랑으로 감싸는 웨슬리의 이야기에 사람들은 전과 다른 반응으로 관심을 집중하기 시작했다. 박해와 저항은 점차 수그러들고 영국 국교회도 웨슬리에게 관용을 베풀었으며, 그의 설교를 들으러 모이는 사람은 더 많아졌다.

웨슬리의 눈 속에 비친 영국은 사회 전체가 커다란 술독과도 같았다. 술을 만드는 양조장은 성행했고, 그래서 당연히 심각한 수준의 알코올중독자가 많았다. 이대로 두고 볼수 없어 웨슬리는 사회를 타락하게 만드는 술을 없애기 위해 강력한 금주 운동을 펼쳤다. 그는 양조장 마당에서 술이란 지옥불과 같아서, 지옥불을 만드는 자와 마시는 자가 허다하다고 비판했다. 그리고 웨슬리의 설교를 방해하러 왔던 양조장 주인의 눈을 쳐다보며 악의 뿌리인 술을 이 지상에서 완전히 없애버리겠다고 선포했다. 또 한번의 폭동이 일어날 것이라고 생각했던 사람들은 폭동 대신 양조장 주인의 회심을 목격했다. 양조장 주인은 즉시 양조장의 문을 닫아 없애버렸고, 술에 찌들었던 중독자들은 더 이상 술주정뱅이가 아닌 성자의 삶을 얻게 되었다.

웨슬리는 자신의 설교를 통해 진정한 회심과 하나님의

자녀로 새롭게 태어나는 체험 그리고 성결의 삶을 이루어가는 사람들이 늘어가기를 항상 기도했다. 그리고 실제로 웨슬리의 설교를 들은 사람들은 변화를 직접 체험하거나 그것을 목격할 수 있었다. 사람들이 더 이상 의심할 수 없게 끊임없이 일어나는 표징과 기적들은 그를 산 증인으로서 세상 앞에 당당히 서도록 만들었다. 웨슬리의 일기에는 하루가 더할수록 놀라운 하나님의 역사가 새로 기록되고 있었다.

이후로도 웨슬리의 야외 설교로 부흥이 일어나고 감리교 신도회가 생기는 곳이면 도덕적인 측면과 생활 습관에서 개혁이 일어났다. 그가 거치는 곳마다 진정한 회개로 인해 타락한 생활에서 성결한 생활로 변화될 것을 다짐하는 사람들이 늘어난 것이다. 웨슬리는 감리교 부흥운동을 통해 교회와 사회를 개혁하고 민족을 구원하는 데에 목적을 두었다. 그리고 이 목적은 영국 사회와 민족을 개혁하는 하나의 지표가 되었다.

연합을 위한 연결고리

메서디스트에게 규칙이란 삶을 얽매는 것이 아니라 진정한 실천을 가능하게 하는 기폭제였다. 연합신도회의 세 가지 규칙은 '모든 악을 피하고, 모든 선을 행하고, 하나님의 법도를 지키는 것'이었다. 그들은 경건과 정직, 근면과 검소로 이웃 사랑과 선을 행하는 일에 앞장섰다. 이렇게 각 사람이 신실하게 규칙을 지킴으로써 감리교도는 거짓말 하지 않는다는 신뢰를 얻게 되었다.

그는 여러 지역을 순회하며 부흥운동을 일으킬 당시 회심 이후에도 지속적으로 양육받을 수 있는 연결고리가 있어야 함을 절실히 깨달았다. 아무런 연결고리가 없는 상태에서는 삶으로 이어지는 믿음의 실천까지 기대하기 어렵다고 판단한 것이다. 이런 판단은 모두 그의 실제적인 경험에서 비롯된 것이었다. 노섬벌랜드와 뉴캐슬에서 회심한 많은 사람이 다시 이전의 삶으로 돌아가 버렸고, 와해되는 모습에 그는 충격을 받았다. 그래서 회심 이후에 지속적인 양육을 할 수 없다고 생각되는 지역에서는 한 사람의 회심도 돕지 않겠다고 결심할 정도였다.

웨슬리는 회심한 사람들을 한 데 모아 신도회를 조직했는데 새로운 교단이나 종파를 만들고자 함이 아니었다. 그는 '모래밧줄'과 같이 약해서 쉽게 부스러지지 않는 건강한 공동체를 만들어 서로를 돌보고 성장하기를 기대했다. 그 결과 처음으로 생겨난 런던의 파운드리 신도회와 브리스틀 신도회는 끈끈한 연대를 이루게 되었다. 파운드리 신도회는 문 닫은 무기 공장을 개조해서 지금으로 말하자면 개척 교회를 세웠는데, 이곳에 가난한 노동자들 천 여명이 모여들었다. 브리스틀 신도회는 매주 한 번씩 만나 서로를 위해 기도하던 모임이 덩치가 커지자 독자적인 공간으로 뉴룸New Room을 건축하게 되었다. 웨슬리는 더 나아가 브리스틀과 런던에 연합 신도회The United Society를 결성해 탄탄한 결속력을 추구했다. 그는 경건하기를 원하는 사람들이 규칙적으로 모여 기도와 말씀으로 서로를 돌보고 참된 구원을 이뤄간다는 분명한 목적을 밝혔다.

브리스틀에 세워진 뉴룸은 건축을 위한 재정적인 문제로 난항을 겪었다. 게다가 브리스틀 신도회 회원들은 형편이 넉넉하지 못해도 가진 것 중에 최대한을 헌금으로 드려 늘 빚쟁이들에게 시달려야 했다. 그들은 웨슬리가 결국 빚쟁이들에게 먹살을 잡히는 험한 일을 당하자 부채를 해결하기 위해 회의를 열었다. 다들 이렇다 할 해결책이 없는 상황에서 은퇴한 선장 포이Captain Foy라는 신도가 일어서서 회원 한 사람이 한 주일에 1페니Penny씩 헌금을 하자는 제안을 했다. 그러나 그것도 내기가 힘들 만큼 경제적 곤란에 처한 사람들이 있었다. 그래서 회원들 사이에 웅성거림이 일자 포이 선장은 또다시 제안했다. 형편이 가장 어려운 회원 11명을 맡아 그들을 방문해 보살피고, 1페니도 낼 수 없는 사람들의 몫은 자신이 대신 내겠다고 한 것이다. 그러자 여기저기서 손을 들고 포이 선장의 제안에 동참하겠다는 사람들이 일어섰다.

이 일의 첫 시작은 건축 재정을 마련하기 위함이었지만 점차 그것보다 더 중요한 사역이 이뤄졌다. 팀의 책임자가 매주 한 번 정기적인 방문을 하게 되면서 자연스럽게 회원들의 생활 형편과 영적 상태를 진단하게 되었고, 그래서 좀 더 구체적으로 회원들을 돌볼 수 있게 되었다. 그러나 혼자서 열한 사람의 집을 일일이 방문하는데 어려움이 생기자 한 주에 한 번씩 회원들이 한자리에 모이는 것으로 대체되었다. 이 방법은 팀의 책임자가 여러 가정을 방문할 때 드는 수고를 덜어 주었고, 회원들의 소속감과 유대감을 갖게 하는 기회를 마련해 주었다. 이렇게 기꺼이 자원한 사람들이 책임자가 되어 매주 한 번씩 모임을 가지게 된 것이 오늘날의 속회로 굳어지게 되었다.

속회는 두 달 만에 런던과 뉴캐슬로 확산되었고, 시작된 지 4년 뒤에는 전국적으로 속회가 결성되었다. 그리고 모든 감리교도는 반드시 속회에서 양육을 받고 신앙생활을 하도록 했다. 속회는 모임의 지도자격인 속장의 인도로 한 주간 동안 지은 죄를 고백하고, 용서를 비는 기도와 믿음으로 승리한 경험담을 나누고 받은 은혜를 감사하며, 서로를 격려하는 순서가 있었다. 이렇듯 속장들은 웨슬리가 미처 다 돌보지 못하는 목양의 책임을 분담하는 손과 발이 되었다. 웨슬리는 이곳저곳에서 들려오는 속회의 소식들을 듣고 감사와 기쁨을 감출 수 없었다. 그는 신도회 구성원들이 그리스도 안에서 한 형제자매로서 교제하는 기쁨을 누리고, 또한 사랑과 헌신으로 성장해 가는 모습에 감격을 금치 못했다.

5장

인간 웨슬리, 하나님의 품에 안기다

값없이 주시는 은혜

웨슬리는 브리스틀에서 갖게 되는 오늘의 설교에서 중대한 발표를 하려고 작정했다. 그것은 칼뱅주의에 반대하며 '값없이 주시는 은혜'Free grace에 대한 자신의 입장을 공론화시키는 자리이기도 했다. 그리고 이면에는 휘트필드와의 입장 정리를 하겠다는 의도가 담겨 있었다. "구원은 하나님의 은혜와 사랑에서 나오고, 그 은혜는 그분의 아들을 통하여 나타나며, 모든 사람 안에서 자유하고 모든 사람을 위해서 자유하다"Grace is free in all, and free for all. 즉 구원은 창세전에 선택된 특별한 사람에게만이 아니라 어느 누구든지 공평하게 주어진다는 뜻이었다.

휘트필드는 영국에서 미국으로 건너가 큰 부흥운동을 일으켰다. 그는 미국에 머물면서 칼뱅주의 목사들과 교제하며 그들의 '이중예정론'의 교리에 영향을 받았다. 이중예정론은 하나님이 이 세상을 창조하기 전에 영원한 생명을 얻을 사람과 영원한 죽음을 당할 사람을 예정했다는 교리이다. 웨슬리는 이중예정론에 대해 극도로 경계했지만 되도록 직접적인 비판은 하지 않으려고 했다. 물론 웨슬리도 하나님의 예정에 대해 인정을 했는데, 그의 관점은 확실히 달랐다. 웨슬리는 하나님이 온 인류를 긍휼히 여기셔서 독생자를 보내시고 그를 믿는 자는 누구든지 멸망하지 않고 구원을 얻도록 인류 구원의 계획을 예정하신다는 입장이었다. 따라서 긍휼이 많으신 하나님이 어떤 사람들은 무조건 영원한 복을 누리도록 선택하셨으며, 반대로 어떤 사람들은 무조건 영원한 저주를 받도록 창세전에 예정하셨다는 것이 그에게 절대 용납될 수 없었다.

휘트필드는 옥스퍼드 대학에 재학 당시 웨슬리의 제자로서, 웨슬리가 가진 경건의 성품을 흠모하여 그를 본받고자 애쓰기도 했다. 그리고 신도회와 같이 회심 이후에 서로를 돌아보도록 연결된 조직의 필요성을 포착하고 실행한 점에서 웨슬리를 더욱 인정하게 되었다. 그러나 이중예정론에 비판을 던지자 휘트필드는 자신의 교리적 신념을 단호한 태도로 밀고 나갔다. 그것은 도를 넘을 수준까지 이르렀고 웨슬리도 결국 한계를 느끼자 예정론을 반박하는 설교집을 출간하고 더 이상 확산되지 못하도록 막아버렸다.

다시 영국으로 돌아온 휘트필드는 웨슬리를 만났을 때 그의 악수를 거부하며 더 이상 그와 동역하지 않겠다고 말했다. 이렇게 해서 웨슬리를 따르는 웨슬리언wesleyan과 휘트필드를 따르는 휘트필다이트whitefieldite 두 무리로 나뉘게 되었다. 교회도 존 웨슬리언 감리교회와 칼뱅주의 감리교회로 분리되었는데, 존 웨슬리언 감리교회가 주류를 이루었다.

비록 그 둘 사이에는 격렬한 상처를 남긴 시간들이 있었지만, 예전의 우정을 되찾고자 노력했었다. 때로 소소한 문젯거리로 서로에게 조언을 구하기도 했고, 설교로도 연합했으며 소리 없이 격려를 보내 주었다. 그리고 휘트필드는 마지막 가는 길에 존경하던 웨슬리에게 장례 설교를 부탁함으로써 화해를 청했다. 웨슬리는 휘트필드의 장례 예배에서 생전의 그를 추모하며 담담한 어조로 운을 뗐다. 웨슬리에게 휘트필드는 서로 다른 교파에 상관하지 않고 예수 그리스도를 믿는 모든 사람을 친구와 형제로 대하며 오로지 하나님 한 분만을 사랑하는 사도로서 살았던 사람이었다. 웨슬리는 휘트필드가 임종의 순간을 맞으며 우리의 죄를 사하신 예수 그리스도의 공로만을 의지했다는 이야기를 전해 듣고 속이 좁고 어리석었던 자신의 모습을 눈물로 뉘우쳤다. 결국 지나고 보니 하나님의 구원 방편은 오직 한 길이라는 것을 온 몸으로 깨닫는 순간이었다.

어머니, 나의 어머니!

웨슬리는 평소 때와 다름없이 은혜로운 설교를 마친 듯이 보였지만, 그의 마음은 슬픔에 잠겨 있었다. 더 정확히 말하자면 슬픔이 올라오는 것을 억누르고 있었다. 런던으로 향하며 그는 어머니의 일생을 되돌아봤다. 여인의 삶이라고 믿기지 않을 만큼 모진 풍파가 많았고, 그래서 더욱 박수를 받을 만한 삶이었다. 그녀는 잦은 출산 때문에 건강이 좋지 못했고, 남편 사무엘 웨슬리의 박봉과 쌓인 빚으로 생계를 유지하기 어려웠다.

그러나 목사의 사모로서 또한 19명의 자녀를 둔 어머니로서 평생을 하나님에게 온전히 헌신했다. 웨슬리의 평생에 최고의 상담자였던 그녀는 신성 클럽을 이끌 때도, 장남 사무엘이 감리교 운동을 반대하고 비판할 때도, 평신도 설교자와 여성 설교자를 임명할 때도 웨슬리의 든든한 지원군이었다. 생을 마감하기 전 3년간 웨슬리와 생활하면서 자나 깨나 웨슬리 형제의 사역을 격려하고, 기도와 조언을 통해 그들을 도왔다. 그녀는 이렇게 존 웨슬리와 찰스 웨슬리를 훌륭히 길러냈고, 하나님 나라를 확장하는데 일조를 했다. 그래서 비록 이 땅을 떠났지만 감리교 운동의 진정한 어머니로 남았다.

런던에 도착한 지 사흘 만에 웨슬리의 어머니 수산나는 숨을 거두었다. 그녀는 험난한 인생에 대한 보상을 받은 듯 평안한 가운데 사랑하는 이들과 작별을 고했다. 웨슬리는 죽는 순간까지 하나님을 찬양하는 〈시편〉을 불러 달라던 어머니의 유언을 기억하고 있었다. 그리고 웨슬리가 선창하자 어머니를 둘러싼 나머지 형제들도 따라 부르기 시작했다. 안타깝게도 전도 여행 중인 찰스는 어머니의 임종을 지키지 못했는데, 후에 웨슬리에게서 이야기를 전해 듣고는 함께 눈물을 흘렸다.

웨슬리가 수산나의 장례식을 인도했고, 그녀의 유해는 파운드리에서 가까운 번힐 필즈Bunhill Fields에 안장되었다. 이곳은《천로역정》의 저자인 존 번연과 같이 유명한 사람이 많이 묻힌 곳이었다. 찰스는 어머니의 마지막을 지키지 못한 대신에 비문에 직접 지은 시를 새겨 넣었다. 수산나는 생을 마감하기 2년 전에 그녀의 사위가 주관하는 성찬식에서 '당신을 위해 주신 우리 주 예수 그리스도의 피'라는 말이 심령에 꽂혀 이전에 경험하지 못했던 큰 은혜를 받았다. 그 순간 하나님이 나의 모든 죄를 용서하셨다는 것을 확신한 수산나는 웨슬리 형제에게 감동을 나눴고, 찰스는 그것을 시로 적어 뒀던 것이다. 그 시는 수산나가 70세가 되기 전까지는 슬픔과 두려움에 찬 율법주의의 삶을 살았지만, 70세가 되던 해에 비로소 죄의 용서를 받은 하나님의 딸이 되었음을 기념하고 있었다.

웨슬리에게 어머니의 빈자리는 예상보다 더 큰 공허감을 가져왔다. 물론 그에게는 동생 찰스와 같이 최선을 다해 헌신하는 동역자가 있었지만, 또 다른 누군가가 필요함을 느꼈다. 그러나 그는 원래 결혼해서 가정을 꾸리기보다는 독신을 고집했다. 웨슬리에게 결혼이란 정욕 앞에서 무너지는 연약한 인간이 갈구하는 모습에 불과했기 때문이다. 그래서 독신으로 지내든지 정 안 되면 하나님에게 의지하고 도움을 구해서라도 될 수 있으면 결혼을 지연시켜야 한다고 생각했다. 조지아 사역에서 돌아온 후 독신에 대한 그의 결심은 동생 찰스와 서로의 동의 없이는 절대 결혼하지 않기로 약속하며 굳어졌다. 그리고 다른 감리교도들의 동의를 얻은 후에야 결혼을 할 수 있다는 규칙으로까지 정해서 모두에게 지키도록 했다.

하지만 동생 찰스는 어머니가 돌아가신 후 7년 뒤에 배우자를 만나게 되었다. 찰스는 결혼을 결정하고 가장 먼저 형인 웨슬리에게 동의를 구했으며, 메서디스트 형제들과도 상의를 거친 후 결혼식을 올리게 되었다. 찰스는 웨일스를 여행하면서 만난 9살 연하의 여인과 결혼하여 8명의 자녀를 낳아 그중 2남 1녀를 장성하게 키우면서 평생 행복하게 살았다. 찰스는 가정을 꾸리자 전도 여행에 소홀해지더니 급기야 순회 전도를 그만두고 일정한 교구를 담당하는 안정적인 설교자로 전향했다. 이를 지켜보던 웨슬리가 순회하는 전도 활동을 다시 제안하자 찰스는 돌봐야 할 가정이 생겼기 때문에 순회 전도는 어렵겠다고 입장을 밝혔다.

웨슬리는 내심 서운한 감정이 있었지만 합당하게 동의를 얻어 결혼한 동생의 입장을 반박할 수는 없었다. 사실 웨슬리가 보기에도 전국을 돌아다니며 가정을 돌보는 것은 쉽지 않았다. 그리고 행복한 가정에 만족하는 동생을 보고 있으면 그것 또한 나쁘지 않다는 생각이 들었다. 문득 웨슬리도 결혼관과 신념에 대해 진지한 고민을 시작하게 되었다.

그동안 웨슬리에게는 한 여인과의 교제와 결혼 문제가 가장 큰 약점이었다. 옥스퍼드 대학에 재학 중일 때는 샐리 커크함에게 실연을 당했고, 조지아에서는 소피아 홉키에게 배신감을 경험했던 그는 독신을 고집하는 편이 차라리 나을지도 모른다고 생각했다. 그러나 또다시 그의 인생에 세 번째 사랑이 찾아오게 되었다. 웨슬리가 사랑에 빠진 여인은 그보다 13살 연하의 젊은 과부 그레이스 머리Grace Murray였다.

그레이스는 웨슬리의 건강이 약해져 있을 때 정성으로 간호를 도맡았다. 그녀는 아주 기구한 사연을 가진 과부였다. 그녀는 16세 되던 해에 아버지로부터 원하지 않는 결혼을 강요당해 집을 뛰쳐나와 언니가 있는 런던으로 올라와서 하녀 생활을 하며 이른 나이에 결혼했지만 슬하에 두 아들을 모두 잃고 고통의 수렁에 빠져 버렸다. 그러던 중 휘트필드와 웨슬리의 설교를 듣고 회심하게 되었다. 그때부터 시작된 남편의 핍박 속에서도 충실한 감리교도로 생활하다가 남편마저 잃게 되자 혈혈단신이 된 몸이었다.

하나님의 계획이었는지는 몰라도 과부가 된 그레이스는 웨슬리의 부흥운동에 더욱 헌신했다. 그룹을 이끌며 탁월한 지도력을 보여 준 그녀는 얼마 후 웨슬리의 설교 여행 여성 수행원이 되었다. 그러던 중 뉴캐슬 집회를 마치고 웨슬리가 열병으로 앓아누웠을 때 그녀의 정성 어린 간호가 웨슬리의 마음을 흔든 것이다.

그러나 이미 그녀는 평신도 존 베넷J.Bennet과 결혼을 전제로 교제하는 중이었다. 웨슬리에게 찾아온 세 번째 사랑

역시 예감이 좋지 않았다. 이런 사실을 몰랐던 웨슬리는 그
레이스에게 청혼을 했고, 그레이스도 감격하며 그 청혼을
받아들였다. 그리고 그녀는 베넷과 웨슬리 사이에서 아슬
아슬한 줄타기를 벌이고 있었다.

청혼을 받아들인 그레이스를 믿은 웨슬리는 돌아가는
상황을 전혀 모른 채 그녀를 베넷과 함께 남겨 두고 설교
여행을 떠났다. 그 기간 동안 그레이스의 마음은 베넷에게
로 점점 기울었고, 깊은 관계를 가지게 되었다. 결국 일주
일 후 베넷과 그레이스는 각각 웨슬리에게 편지를 보냈다.
내용인 즉슨 자신들의 결혼은 하나님의 뜻이니 허락해 달
라는 것이었다. 두 사람의 편지를 받고 큰 충격을 받은 웨
슬리는 겨우 마음을 추스르고 베넷과 그레이스에게 각각
정중한 답장을 보냈다. 그런데 그레이스와 웨슬리 사이에
한두 번 오가던 편지는, 그녀의 마음을 웨슬리에게로 되돌
려 놨다. 웨슬리는 아일랜드에서 설교 여행을 마치자마자
그녀와 결혼하기로 확실히 결정을 내렸다.

베넷, 그레이스, 웨슬리는 엡워스에서 최후의 담판을 짓

기 위해 삼자대면에 들어갔다. 그러나 찰스가 이 셋의 관계를 정리하기 위해 움직이면서 웨슬리와 그레이스의 인연은 맺어질 수 없게 되었다. 찰스가 그레이스에 대한 부정적인 소문들을 이유로 웨슬리의 결혼을 극구 반대했기 때문이다. 결국 성 앤드류 교회에서 치러진 결혼식의 주인공은 베넷과 그레이스였다.

강물에 던진 돌이 물속으로 무겁게 가라앉듯 웨슬리의 모든 감정 또한 무너져 내렸다. 그를 위로하기 위해 달려온 휘트필드와 감리교의 유능한 설교자 존 넬슨은 함께 슬퍼하며 기도해 주었다. 결국 웨슬리는 베넷과 그레이스에게 행복을 빌어 주고 작별 인사를 건넸다. 그리고 그다음 날부터 아무 일도 없었던 듯이 다시 설교 현장에 뛰어들었다.

그런 일이 있은 후 1년 반 정도가 지난 어느 주일 아침, 런던 브릿지를 걷다가 빙판길에서 넘어진 웨슬리는 발목을 다쳐, 서 있을 수도 없게 되었고 그 바람에 약속된 일정을 강행하려는 고집을 꺾을 수밖에 없었다. 그는 가까운 거리에 있는 메리 바질Mary Veizeille의 집으로 실려가 간호를 받았다.

연약한 상태에서 도움을 받아 쉽게 마음을 열었던 웨슬리는 바질에게 간호를 받으며 특별한 감정을 갖게 되었다. 바질은 남편이 가지고 있던 재산과 부를 물려받은 미망인으로 두 아들과 두 딸이 있었다. 그레이스에 대한 상처가 컸던지 이번에는 누구와도 상의 없이 바질과의 결혼을 서둘렀다.

그러나 안타깝게도 두 사람의 행복한 결혼생활은 오래 가지 못했다. 문제의 발단은 웨슬리 앞으로 오는 편지에 있었다. 그는 아내가 자신 앞으로 오는 편지를 마음대로 열어 본다고 언짢아 하지는 않았지만, 바질은 여성 설교자와 속 장들 그리고 신도들이 그에게 보내는 편지에 민감하게 반응했다. 바질의 병적인 질투심은 매일 웨슬리를 고달프게 만들었다. 그녀는 웨슬리가 간통을 하고 있다고 비난과 왜곡을 멈추지 않았으며, 편지들을 멋대로 수정해서 웨슬리의 적대자인 칼뱅주의자들에게 넘겨 주기도 했다.

바질은 그렇게 바가지를 긁기 시작하더니 급기야 웨슬

리를 손톱으로 할퀴고, 손으로 때리고, 발로 차는 육체적인 공격까지 멈추지 않았다. 웨슬리의 집을 방문했던 어떤 사람은 바질이 웨슬리의 머리카락을 한 움큼 손에 쥐고 있고, 웨슬리가 바닥에 쓰러져 있는 광경에 경악을 금치 못했다.

바질은 마음이 내키는 대로 밖에 나갔다가 집으로 들어오기를 반복했다. 웨슬리는 그녀에게 집으로 다시 돌아오려면 자신의 편지를 반환하고, 더 이상 편지를 가져가지 않으며, 25년간 음란한 삶을 살았다고 했던 말을 철회할 것을 요구했다. 그러나 집을 나가 돌아오지 않던 바질의 소식은 그녀가 죽어서 매장되고 며칠이 지난 후에야 전해졌다.

웨슬리의 절친한 동역자 헨리 무어는 웨슬리에게 어여쁜 아내가 없었기에 하나님의 일에 더욱 집중할 수 있었다고 이야기하기도 했다. 웨슬리는 남편으로서 누릴 수 있는 특권은 얻지 못했지만, 그것마저 초탈한 주님의 충성된 일꾼이었다.

우리와 함께하시는 하나님

웨슬리의 나이가 85세였다. 점차 쇠약해져가는 몸으로 남은 인생을 하나님 앞에 바친 그는 깊은 슬픔에 빠져 울고 있었다. 웨슬리에게 최고의 상담자였던 어머니를 잃었을 때는 아직 젊은 나이였고, 최고의 동역자인 찰스가 세상을 떠난 지금은 모든 것이 서러웠다. 마지막 가는 길에 동생의 얼굴에는 감리교 부흥운동을 이끌던 그때의 열정이 꽃피어 있었다.

동생의 장례를 치르고 돌아온 그는 조용히 생각에 잠겼다. 이제 곧 그에게도 마지막 때는 다가오고 있었다. 침대 밑 깊숙한 곳에 넣어 뒀던 오래된 편지 상자를 꺼내 먼지를 털었다. 그동안 모아 둔 편지들은 그에게 도움을 받았던 사람들로부터 받은 감사의 편지였다. 웨슬리는 가난한 사람들이나 어려움에 처한 사람에게서 자신의 어린 시절을 보왔다. 늘 빚에 쪼들리며 고생하던 부모님, 그래서 먹고 입는 것이 풍족하지 못했던 그때의 모습을 잊지 않았다. 웨슬리는 빈민을 위한 대출 제도를 만들었고, 과부와 병자들의 거처를 마련하기 위해 힘을 쏟았다. 또한 죽어 가는 죄수들, 특히 사형수들이 처형되기 전에 그들을 만나 전도하고 구원하는 일에 모든 노력을 기울였다. 수많은 사형수가 사형을 받기 전, 죄에 대한 용서의 확신과 구원의 확증을 체험하고 영혼의 평안과 천국의 소망으로 삶을 마치기를 간절히 바랐다.

그는 옥스퍼드 시절부터 어린아이들을 무척이나 좋아했다. 어린아이들과 함께하면 '천국은 어린아이 같은 자의 것'이라는 말씀을 실감할 수 있었다. 그래서 부흥운동 초기부터 가난한 어린아이들의 교육을 위한 사업을 벌였던 그는 뉴캐슬의 광산 지대에 고아원을 세워서 버려진 아이들과 광부의 자녀들을 돌보았다. 이곳은 고아원을 넘어서서 학교도 되었고, 예배당, 병원, 상담소, 급식소 등 종합적인 사회봉사 센터의 역할을 했다. 웨슬리가 세운 뉴룸과 파운더리의 예배당도 이와 같은 역할을 감당하며 감리교도들은 이곳에서 봉사의 꽃을 피우고 열매를 맺었다.

웨슬리는 킹스우드에도 학교를 세웠는데 이내 주변의 두 개 지역에도 학교가 세워지게 되었다. 학교는 지역 노동자들의 아이들을 받아 교육했는데, 웨슬리가 손수 교재를 제작하여 사용할 만큼 이상적인 기독교 교육을 실현하고자 열심을 다했다. 그가 생각한 학교의 목적은 하나님 안에서 예배와 학습, 배움의 공동생활을 하는 것이었다.

평생 환자들을 방문하는 데에도 많은 시간을 할애한 웨슬리는 런던의 파운더리 신도회에서 금요일마다 가난한 사람들이 의료 혜택을 누리도록 도움을 주었다. 그러자 치료를 원하는 사람들이 몰리기 시작했고, 웨슬리는 브리스틀과 뉴캐슬에 진료소를 더 열었다.

그는 26년간 조금이라도 남는 시간이 생기면 의학을 탐구해 자신이 직접 약을 제조해서 환자들에게 처방해 주었다. 다행히도 약을 먹은 환자들은 대부분 6주 안에 증세가 사라졌고, 어떤 사람은 40년 동안이나 앓았던 병이 말끔히

사라졌다고 말할 정도였다. 그는 자신이 알고 있는 의학 지식을 책으로 엮었고, 《원시 의술: 모든 질병을 치료하는 단순하고 자연스러운 방법》을 펴냈다.

아주 우연한 기회에 읽은 책에서 웨슬리는 자신이 해야 할 일을 찾기도 했다. 그는 런던으로 향하는 배 안에서 어떤 퀘이커교도가 쓴 노예제도와 관련된 책을 읽은 후로 노예무역에 대해 강력하게 반대했다. 웨슬리는 본격적으로 노예무역에 반대하는 공개적인 논쟁에 참가하기도 했고, 《노예제도에 대한 견해Thoughts on Slavery》라는 논문을 발표해 노예제도는 주인이 노예를 소나 말처럼 부리는 부당한 처사라고 비판했다. 그는 어떤 차원에서도 인간을 노예로 만드는 것은 용납, 인정할 수 없다고 주장했다. 또 어떤 인간도 노예로 태어나지 않았다고 외치면서 노예제도를 없애기 위해 노력했고, 그에 대한 후원을 아끼지 않았다.

그는 핍박받고 소외된 사람들을 위해서 필요하다고 마음먹은 일들에는 무서운 추진력을 보였다. 그래서 놀라운 개혁들을 이끌어 냈고, 그것이 곧 웨슬리의 사명이었다.

웨슬리는 천 권 이상의 책을 읽은 독서광이었다. 그는 전도 여행을 위해 말을 타고 가면서도 책을 읽는 법을 터득했고, 노년에는 마차 안에서 책을 읽을 정도였다. 그의 손에서 책이 떨어질 때는 잠들었을 때뿐이었다. 이렇게 독서의 모범을 보이는 그를 따라 평신도 설교자들은 책을 읽지 않을 수가 없었다. 웨슬리는 평신도 설교자들에게 자기와 같이 새벽 4시에 일어나서 기도로 하루를 시작하고, 매일 5시간을 독서와 연구에 바칠 것을 강조했다.

이런 웨슬리의 습관 때문에 누구든지 그의 글을 읽어 보면 지식의 깊이와 넓이에 감탄하지 않을 수 없었다. 웨슬리는 신학 외에 모든 분야에서 창조주요, 구원자이신 하나님을 탐구하고 그로 인해서 인류의 구원과 행복을 추구하는 데 더 좋은 길을 찾기 위해 몰두했다.

그는 책을 쓰는 일에도 열정을 쏟아부었는데, 총 391권의 책을 출간했다. 따지고 보면 그는 30세가 되던 해부터 매년 7권 이상의 책을 저술한 셈이다. 게다가 매년 8,000km를 쉬지 않고 전도 여행을 했고, 5백 번 이상 설교를 했다.

그는 분야를 총망라해 성서주해, 설교집, 여행 일기, 시와 찬송, 교과서 등 다방면에서 활동하였다. 그중에서도 가장 인기 있었던 책은 5권의 설교집이었다. 그 설교집에는 총 151편의 설교가 담겨 있었는데, 기독교 교리와 그리스도인의 생활에 관한 주제들을 명쾌하고 쉬운 문체로 풀어 놓았다. 그다음으로 전도 여행 일기가 사랑받았는데, 55년간의 삶과 전도 여행의 경험을 일기로 기록한 것이었다. 위대한 역작이라 꼽히는 《기독교 문고Christian Library》는 약 6년간 수집과 기록을 거쳐 초대 교회 시대부터 당대에 이르기까지 경건하고 유익한 작품을 한 데 모은 야심작이 되었다. 감리교 연합 신도회를 지도하며 그렇게 많은 책을 썼다는 사실은 하나님이 부어 주시는 영감의 결정체였다.

웨슬리는 2,760통가량의 편지를 부모와 가족, 친구와 동역자들, 그리고 그의 조언과 상담을 원하는 모든 사람과 주고받았다. 편지의 내용에는 사랑과 정성이 담긴 영적 교훈들이 주옥같이 담겨 있었다. 이외에도 동생 찰스와 함께 출판한 찬송집은 감리교 신도회 안에서 성경보다도 많이 팔렸다. 그가 저술 활동을 펼친 데에는 단 한 가지 목적밖에 없었다. 가난으로 인해 혜택을 받지 못하는 사람들을 위해 가장 짧고, 쉽고, 값싼 책들을 공급하려 했던 것이다.

동생 찰스를 보낸 다음 해부터 웨슬리는 기운이 떨어지고 기억력과 시력이 저하됨을 느끼면서 자신의 후계자를 선정하기 위해 마음의 준비를 하고 있었다. 그는 더없이 친한 친구이자 후원자인 존 플레처John Fletcher를 후보로 생각했지만, 플레처는 웨슬리의 제안을 정중히 사양했다. 후계자가 선정되지 않자 웨슬리는 '행동강령'Deed of Declaration을 발표하고 백 명의 대표자를 뽑아 '100인 위원회'Legal Hundred라는 조직을 결성했다. 그러나 이 일로 정회원에서 제외된 설교자들이 충격을 받아 몇몇의 설교자가 사임하는 일도 발생했다. 이런 문제 외에도 웨슬리는 급속하게 성장한 미국 감리교회를 돌보도록 두 명의 선교사를 파송해야 했다. 그렇지만 웨슬리의 감리교 운동은 영국 성공회 내 복음 운동으로 남겨 두는 것을 원칙으로 삼았다.

웨슬리는 감리교 부흥과 그에 따른 여러 사역을 멈추지 않았다. 그는 자신을 설교자로 원하는 사람들만 있으면 주저하지 않고 열정적으로 전도 여행을 이어나갔다. 그래서 건강 상태가 염려되는 상황에서도 야외 설교를 마다하지 않았다. 웨슬리의 마지막 설교는 레더헤드Leatherhead의 한 부유한 가정의 초청으로 이뤄졌다. 그는 〈이사야서〉 55장 6절의 "너희는 여호와를 만날 만한 때에 찾으라 가까이 계실 때에 그를 부르라"는 본문 말씀으로 설교했다. 그러나 어느 누구도 그가 생의 마지막을 예감한 듯 온 힘을 다해 쏟아내는 설교인 것을 알아채지 못했다.

한시도 쉬지 않았던 그가 거동이 불편해 침상 신세를 졌다는 것은 분명 위독하다는 신호였다. 그를 사랑하는 가족과 친구들이 소식을 듣자마자 웨슬리에게로 달려왔다. 그는 말하기조차 힘든 지경으로 옆에서 간호를 하던 사람의 입을 빌려 이 자리에 오직 하나님만 함께하심을 외쳤다. 그리고 아이작 왓츠의 찬송을 부르며 숨을 쉬는 동안보다 숨이 멎어 목소리가 꺼져갈 때 하나님을 더욱 높여 찬양하겠다는 고백으로 지켜보던 사람들의 눈시울을 붉혔다.

그 밤에 그는 부르던 찬송을 끝까지 마치지 못했다. 대신 "하나님이 우리와 함께 계신다!"라는 유언을 두 번 남기고 아침이 밝아오자 그의 숨은 조금씩 멎어갔다. 그리고 갓난 아기가 어머니의 품에서 잠든 모습과 같이 가장 편안한 얼굴로 영원히 잠들었다. 1791년 3월 2일 수요일 아침 10시에 그는 88세의 나이로 하나님의 품에 안겼다.

파멸 위기의 영국을 복음과 사랑의 혁명으로 구원한 존 웨슬리. 세계 만민을 위한 복음의 사도요, 사랑의 사도인 그는 위대한 경건주의자, 전도자, 신학자, 교육가, 저술가, 박애운동가, 사회개혁자 그리고 감리교회의 창시자였다.

영국 웨스트민스터 사원Westerminster Abby의 웨슬리 형제 기념비에는, 비록 웨슬리는 장사되었지만 하나님은 여전히 사역을 이어가신다는 말이 새겨져 있다. 지금도 전 세계에는 그와 같은 신앙의 횃불들이 타오르고 있다.

생애 연보

1703	영국 링컨셔 주 엡워스에서 태어남
1714	런던 차터하우스 학교에 입학
1720	옥스퍼드 대학교 크라이스트처치에 입학
1725	영국 성공회 집사로 임명
1726	옥스퍼드 링컨 대학 연구원으로 선발
1727~1728	문학 석사 학위 취득 후 목사 안수
1729	신성 클럽 지도자가 됨
1735	모라비아 교회 교도와의 첫 만남
1738	올더스게이트 집회에서 회심
1739	야외 설교 시작, 모라비아 교회 교도와 런던에서 결별
1740~1741	감리교 신도회 조직 및 휘트필드와의 결별
1743	연합 신도회 조직 및 규칙 제정
1744	첫 번째 감리교 연회 개최,
1745	50명의 평신도 설교자 임명
1751	메리 바질과 결혼
1778	'웨슬리 예배당' 봉헌
1784	미국 선교를 위한 감리사 안수 및 파송
1791	영원한 안식

참고문헌

- 로버트 G. 터틀 2세, 김석천 역,《존 웨슬리》, 도서출판 세복, 2001.
- 랄프 월러, 강병훈 역,《존 웨슬리》, 기독교대한감리회 출판국, 2004.
- 김진두,《존 웨슬리의 생애》, 기독교대한감리회 출판국, 2006.
- 김영선,《사진으로 따라가는 존 웨슬리》, 도서출판 KMC, 2007.
- 남기철, 〈요한 웨슬리의 생애와 신학1~87〉,《크리스천타임즈》, (http://www.kctusa.com/technote7).

기독교 역사를 바꾼 영적 거장의 생애를 읽는다!

설교, 목회, 신학, 기도, 선교, 영성 각 분야에서 하나님께 쓰임 받은 신앙 위인들의 삶을 차례로 조명해본다. 생애에 드러난 감동적인 이야기와 구속사적 역사관에 근거한 내용 전개로 독자들에게 영적 도전을 도와줄 것이다. 평신도와 신학생, 목회자에 이르기까지 누구나 쉽게 읽을 수 있다.

01 장 칼뱅 송삼용 지음 | 4×6판 변형 양장 | 160쪽 | 7,000원
세상과 타협하지 않는 개혁자이자 성도의 영혼을 돌보는 목회자로, 경건함의 본이 된 사람

02 찰스 스펄전 송삼용 지음 | 4×6판 변형 양장 | 160쪽 | 7,000원
천부적 재능을 소유한 설교자로, 영국을 복음으로 일으키고 세기적 부흥을 주도한 목회자

03 조지 뮬러 송삼용 지음 | 4×6판 변형 양장 | 164쪽 | 7,000원
수많은 고아의 아버지이자, 하나님을 위해 자신의 모든 것을 철저하게 포기한 기도의 사람

04 조지 휘트필드 송삼용 지음 | 4×6판 변형 양장 | 164쪽 | 7,000원
들풀처럼 강인한 최초 야외 설교자로, 모든 교파를 초월하고 한 시대를 움직인 강한 목회자

05 데이비드 브레이너드 송삼용 지음 | 4×6판 변형 양장 | 160쪽 | 7,000원
인디언을 위해 일생을 바친 설교자로, 뼈가 부서지는 순간까지 은혜의 씨앗을 뿌린 목회자

06 조나단 에드워즈 송삼용 지음 | 4×6판 변형 양장 | 164쪽 | 7,000원
한평생 하나님의 능력에 사로잡혀 신학을 집대성한 미국 최고의 신학자이자 대부흥사

07 로버트 맥체인 송삼용 지음 | 4×6판 변형 양장 | 164쪽 | 7,000원
그리스도를 본받아 온전히 순종하는 삶과 경건한 삶의 본을 보여준, 영혼을 울린 설교자

08 존 오웬 송삼용 지음 | 4×6판 변형 양장 | 160쪽 | 7,000원
천부적인 지성과 탁월한 영성을 바탕으로 가장 방대한 저서를 완성한 청교도 신학자

09 윌리엄 캐리 송삼용 지음 | 4×6판 변형 양장 | 164쪽 | 7,000원
인도에서 활동한 영국 침례교 선교사로, 성경 번역에 앞장선 개신교 현대 선교의 아버지

10 허드슨 테일러 송삼용 지음 | 4×6판 변형 양장 | 164쪽 | 7,000원
중국을 품은 선교사로, 오직 중국 선교를 위해 치열하게 헌신하면서 복음을 전한 사람

11 길선주 김학중 지음 | 4×6판 변형 양장 | 152쪽 | 7,000원
독립운동가이자 교육가로, 한국 교회의 기초를 다지고 부흥의 바람을 일으킨 주역

12 주기철 김학중 지음 | 4×6판 변형 양장 | 152쪽 | 7,000원
흔들리지 않는 굳건하고 담대한 믿음으로, 목숨 걸고 하나님의 명령을 지킨 순교자

13 손양원 김학중 지음 | 4×6판 변형 양장 | 152쪽 | 7,000원
원수를 양자로 삼아 예수님의 사랑을 실천하고, 나환자들의 영혼을 돌본 믿음의 사람

14 장기려 김학중 지음 | 4×6판 변형 양장 | 152쪽 | 7,000원
약하고 불쌍한 이들을 위해 평생을 바쳐 봉사하며 버팀목이 되어준 한국의 슈바이처

15 조만식 김학중 지음 | 4×6판 변형 양장 | 152쪽 | 7,000원
민족의 십자가를 지고 독립운동과 민족 통일 운동에 힘쓴 기독교계의 중진, 한국의 간디

16 드와이트 무디 김학중 지음 | 4×6판 변형 양장 | 152쪽 | 7,000원
미국 침례교의 평신도 설교자로, 어린이와 청년, 군인에게까지 사랑받은 감성적인 사람

17 어거스틴 김학중 지음 | 4×6판 변형 양장 | 152쪽 | 7,000원
고대 신플라톤주의 철학과 기독교를 결합하여 중세 사상계에 영향을 준 교부 철학의 성자

18 마르틴 루터 김학중 지음 | 4×6판 변형 양장 | 156쪽 | 7,000원
부패한 로마 가톨릭 교회에 대항해 은혜를 통한 구원과 성서의 권위를 강조한 종교개혁자

19 존 웨슬리 김학중 지음 | 4×6판 변형 양장 | 152쪽 | 7,000원
위대한 전도자이자 신학자로, 복음 전파에 초인적으로 헌신하고 복음 해석에 기여한 사람

20 데이비드 리빙스턴 김학중 지음 | 4×6판 변형 양장 | 160쪽 내외 | 7,000원
아프리카를 개척한 선교사로, 아프리카 오지 깊숙한 곳에서 그들을 위해 헌신한 사람